터지기 쉬운
김밥일지라도

꼬망 지음

펴 낸 날 2025년 8월 11일 초판 1쇄

지 은 이 꼬망
펴 낸 이 박지민, 박종천
편   집 김정웅, 김현호, 민영신
책임편집 윤서주
디 자 인 롬디
책임미술 웨스트윤
마 케 팅 이경미, 박지환
펴 낸 곳 모모북스
         경기도 파주시 지목로89~37(신촌로 88~2)3동1층
         전화 010-5297-8303 팩스 02-6013-8303
         등록번호 2019년 03월 21일 제2019-000010호
         e-mail pj1419@naver.com

ⓒ 꼬망, 2025
ISBN 979-11-90408-74-5(03810)

- 책값은 뒤표지에 있습니다.
- 잘못된 책은 구매하신 곳에서 교환해드립니다.
- 모모북스에서는 여러분의 소중한 원고를 기다립니다.
투고처: momo14books@naver.com

터지기 쉬운
김밥일지라도

꼬망 지음

목 차

08 프롤로그

PART 1.
수박 겉돌기만 해 온 나에게

014 건강한 마음을 유지하는 법

022 완벽한 건 없잖아

028 마음 구두쇠

033 양은 냄비와 뚝배기의 상관관계

041 여전히 한도 초과하는 너에게

048 모두의 비밀

053 하나를 꾸준히 해나가는 법

061 위안의 굴레

066 수박 겉돌기만 해 온 나에게

PART 2.
샌드위치에 바르다 만 잼도 아니고

078 똑같은 상황이 아니면 상대가 이해되기 힘든 것처럼

084 남의 눈치를 보며 피곤하게 지낸 나에게

090 공부 잘하게 생겼다는 그 말

096 검정 옷의 배신

103 자존감 카드

109 마음을 기울이는 노력하고 있나요?

113 샌드위치에 바르다만 잼도 아니고

118 샌드위치에 바르다만 잼도 아니고 2

PART 3.

**자꾸만
토마토가
되라고 하는
너에게**

122 사려 깊은 너와의 이별

128 가성비 마음

134 어쩌면 바람 같은 인연

142 인생의 좋은 때는 언제일까?

150 오늘도 눈치 없는 너에게

161 마음의 노화

165 자꾸만 토마토가 되라고 하는 너에게

PART 4.
김빠진 사이다 같은 너에게

- 174 존버의 세계
- 181 그 시절 인연
- 188 그리운 어린 시절의 아빠와 나
- 195 슬플 때면 글을 써요
- 201 현재의 시간
- 206 나만을 위한 비밀의 방이 있나요?
- 212 안전한 관계
- 218 김빠진 사이다 같은 너에게

PART 5.
터지기 쉬운 김밥일지라도

228 인생은 때때로 소보루 없는 소보루빵 같아서

235 푹 꺼지는 치즈케이크 같아서

239 납작한 하루여도 괜찮아

244 흔들리고 연약해도 푸딩 같은 달콤한 시간

249 눌린 샌드위치 같은 인생이어도

254 크루아상처럼, 겹겹이 쌓인 나를 이해하는 중입니다

258 터지기 쉬운 김밥일지라도

263 다시는 마주할 수 없는 그 평범한 하루에게

270 마음이 굴처럼 쪼그라드는 날이면

275 바람 빠진 풍선 같은 생각이 들 때면

280 에필로그

프롤로그

 5자매 중 막내였던 나는 나만의 필살기로 눈치를 보며 상대방을 살피며 배려할 때가 많았다.

 어린 시절 넉넉지 않았던 우리 집에서 내가 살아남는 법은 눈치를 보며 분위기를 살피는 것이었다. 그런 환경에서 자랐던 나는 사회적인 눈치가 빨라 어디서는 잘 섞이며 어울렸다.

 그 과정에서 '내가 하려는 말'보다는 '상대가 듣고 싶은 말'을 생각하며 지내는 일이 많아졌다. 늘 남을 생각하는 마음이 앞서서 시간이 지날수록 쉽게 지치고 상처받았다. 싫어도 좋은 척, 속상해도 괜찮은 척해야 하는 상황이 잦아지면서 내면의 울화는 점점 켜져 갔다.

 어릴 때는 사람을 참 좋아하고 성격이 밝고 활발한 아이인 줄 알았다.

성인이 되어서는 나의 내면의 속마음을 헤아려주고 싶다는 생각이 계속됐다.

나의 시야가 커질수록, 눈치 봐야 한다는 억눌린 생각이 뇌리에 떠나지 않았다.

'아! 내가 눈치를 보는구나. 그만 배려하고 싶어.'라는 생각을 인지한 순간 그동안의 억눌렸던 마음을 내려놓을 수 있었고, 강박증 같은 스트레스에서 조금은 벗어날 수 있었다. 지금 와서 생각해 보면 성격이 활발해서 잘 어울렸다기보다는 상대를 살피면서 지내야지 사회에서 살아남을 수 있다는 생각을 했던 것 같다. 눈치를 보는 것은 관계에서 버티는 나만의 필살기였다.

그렇게 성장한 나는 남들이 보지 못한 면을 볼 때가 많이 있었다. 남들이 대수롭지 않게 느끼지 않는 감정이나 타인의 사소한 행동을 알아차리고 상대방의 마음을 헤아려보게 돼서 사려 깊은 면도 있었다. 시간이 지날수록 주변을 늘 살피며 유지하는 인싸의 인간관계에 지쳐갔다. 어쩌면 나는 인싸를 가장한 아웃사이더일지도 모른다.

이 책은 타인에게 상처받았거나 관계에 지쳐있는 사람들에게 위로의 메시지를 담았다.

늘 사소한 감정으로 소진을 많이 하는, 예민함과 우울증의 경계에 있는 이들의 마음을 보듬어주고 싶다. 오늘도 예민함에 소진이 된 이들에게 다정한 말을 나직이 속삭였다.

"나도 늘 애쓰느라 힘들었어. 이제 편하게 있어도 괜찮아."

PART 1

수박 겉돌기만 해 온 나에게

01

건강한 마음을 유지하는 법

어렸을 적 우리 집은 '남한테 신세 지면 안 된다. 남을 불편하게 해서는 안 된다.'라는 암묵적 가훈이 있었다. 그런 이유인지 몰라도 어디 가서 그냥 물건을 받거나, 얻어먹는 게 굉장히 불편해질 때가 있었다. 엄격한 가훈에서 늘 주눅 들어있던 나는 당당하게 의견을 펼치는 것이 어려웠다.

어느 날 아빠의 동료분이 동네로 오셔서 아빠를 기다리고 계셨다. 마침 하굣길에 동료분 아저씨와 마주했다.

"네가 막내구나! 얼굴 보니 딱 알겠다."

"안녕하세요."

난 공손히 두 손 모아 인사를 드렸다. 아저씨는 다정하게 말했다.

"넌 무슨 과자를 좋아하니? 아저씨가 맛있는 과자 사줄게. 맘껏 골라봐."
"아…. 아니에요. 괜찮아요…."

연신 괜찮다고 얘기했는데 어린아이가 그러는 게 귀여웠던지 슈퍼에서 과자를 골라보라고 하셨다. 남한테 폐를 끼치면 안 된다고 배우며 자랐던 나는 아저씨의 다정한 미소에 어찌할 줄을 몰랐다. 쭈뼛쭈뼛 서 있는 나에게 아저씨는 가까이 몸을 숙여서 있는 과자들을 가져왔다.
"과자 이것도 가져가자."

어색한 미소를 지으며, 주머니 속에 동전 200원을 아저씨께 보탬 되게 드려야 하나 진지하게 고민하고 있었다. 과자를 두 손 가득 받은 나는 아저씨에게 심각한 표정으로 말했다.

"어…. 근데…. 이렇게 물건을 그냥 받거나 하면 안 되는 건데요. 아빠가 모르는 분한테 받으면 안 된다고 하셨어요."

아저씨는 웃음을 지으며 말했다.

"아저씨는 괜찮아. 아빠랑 친하거든. 아빠 친구니까 편하게 받아도 돼."

"아…. 네…. 감사합니다."

그렇게 어른이 된 나는 밥 한 끼 얻어먹으면 꼭 다음에는 사야지 싶은데 그 시기가 바로 오지 않을 때면 마음이 불안하거나 초조해질 때가 있었다. 주변을 많이 신경 쓰는 그런 나의 행동이 늘 배려심이 많다는 생각을 하며 지냈다.

사회에서 알게 된 친구인데 한번 만나면 꼭 그 가격만큼 사야 했다. 커피를 같이 마셔도 누군가 이만 원을 써서 밥을 사면 카페에서 케이크를 포장 구매하면서까지 그 가격을 맞혀서 주는 그녀를 볼 때면 불편한 마음이 커져갔다. 호의로 식사를 대접하려고 했을 때 상대의 그런 태도를 보면 바람 빠진 풍선이 된 것처럼 시무룩해지곤 했다.

타인이 좋은 마음으로 밥을 샀으면 "고마워."하고 맛있게 먹으면 되는데 나는 그런 유연함이 늘 부족했다. 어렸을 적에는 남한테 얻어먹기 싫어하는 행동이 상대를 생각한 배려심이었다고 느꼈지만, 이런 행동이 타인에게 마음의 불편함을 주리라고는 생각지 못했기 때문이다.

'남한테 얻어먹는 것보다 나도 내가 사는 게 편해.'

남에게 좋은 사람으로 보이고자 하는 행동이 타인에게는 의도치 않은 부담을 줄 수 있다는 것을 인지한 후부터는 나에게 호의를 베푸는 상대에게 고맙다고 말하고 맛있게 먹는다. 타인에게 받은 만큼 돌려줘야 한다는 강박은 낮은 자존감에 비롯된 행동이었다는 것을 깨달았다.

 '카카오톡으로 상대에게 메시지를 보낼 때면 하트를 보내는 것도 우린 이 정도 사이는 아닌데 내가 너무 앞서가나?'
 '웃음 표시도 너무 많이 하면 쉬워 보일까? 답변은 바로 안 하는 게 쉬워 보이지 않는 방법이겠지?'

 계속되는 자기 검열에 오랜 시간 시달렸다. 움켜잡고 있던 긴장을 이제는 떠나보내고 싶다.
 상대에게 고마울 때는 꽉 찬 하트를 보낼 수 있고 내 마음이 미안할 때는 정중하게 사과하는 감정 그대로를 보여주는 게 스스로를 위해서 더 건강한 방식임을 알아차렸기 때문이다.

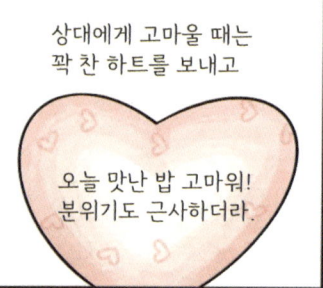

02

완벽한 건 없잖아

함께 동네에서 자란 친구들이 모였다. 회사원, 프리랜서, 그리고 주부인 나였다. 회사원 친구는 말했다.

"이번 성과보수 우리 부서 실적이 안 돼서 좀 못 받은 거 있지? 다른 팀이 실적이 높아서 성과보수 끌어갔잖아. 이번에는 아쉽긴 하지만 그래도 뭐 안정적 직장이니 맘은 편해."

"프리랜서 일하는데 내 시간이 있어서 좋긴 해. 좀 적적하긴 하지만, 막상 회사 생활하면 또 너무 힘들다는 걸 아니까. 좀 적게 벌어도 내 삶이 윤택해지는 걸 선택할래."

우리 셋은 가장 좋은 여건이 있는 사람이 누구일까 내기라도 한 듯이 자신의 상황을 터놓았다. 어떤 환경이든 좋은 게 있다면 불편한 점이 있는데 그림 작업을 하는 주부인 나는 하루가 쏜살같이 지나간다.

"아이들을 키우면서 일을 할 수 있다는 장점이 있지. 하지만 육아를 하느라 효율성도 체력도 바닥이고 뭐 하나 제대로 돌아가는 게 없어. 집에 있다 뿐이지. 이도 저도 아닌 상태랄까. 애들한테도 눈 맞추며 상냥히 말하고 싶은데 누적된 피로에 자꾸 짜증만 나. 얘기해 보니 장점인지 단점인지도 모르겠다."

친구들과 "완벽한 환경을 가진 사람이 있을까?"란 주제로 머리를 맞대고 이야기 나눴다.

"우리는 다 좋은 사람이 왜 없는 걸까?"

누구도 완벽한 여건인 사람이 한 명도 없는 것을 보면서 인생에서 선택한 모든 것이 다 좋을 수 없다는 생각이 들었다. 얼마 전 늦깎이 결혼한 친구는 신혼생활에 대해 말했다.

"남편은 다정하고 착하고 책임감도 강해. 다 좋은데 딱 한 가지가 아쉬워."
"그래? 그런 완벽한 사람에게 아쉬운 게 뭘까?"
우리는 궁금함과 호기심에 눈이 휘둥그레졌다.

"딱 한 가지 키가 좀 작다는 거? 170cm인 내 키랑 비슷하잖아. 결혼사진 찍을 때 힐을 못 신어서 어찌나 아쉽던지!"
"그런데 친구야… 키마저 컸으면 네 옆에 안있지. 그 생각은 왜 못하는 거야."

완벽한 인생은 없어. 내가 선택한 인생의 모든 것이 다 좋을 수 없는 법이니까.

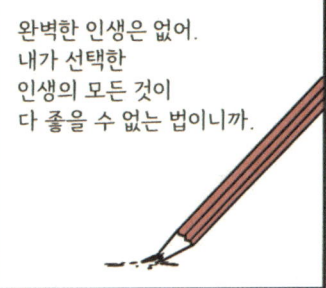

03

마음 구두쇠

"언니는 사람들을 좋아하기도 하면서 어떻게 진심으로 대할 수 있어? 정말 대단해. 주변에 그래서 사람들이 많이 찾잖아. 그 안에서 상처받을 수도 있는데 난 부담스러워. 타인을 신경 쓰면서 함께 있는 시간보다 외로운 시간이 낫더라고."

오랜 시간 알고 지낸 동생과 만나 이야기를 나눴다. 난 성인이 되어서도 사람 만나는 것을 좋아하면서 상대에게 진심으로 대했다. 내 생각을 가감 없이 솔직하게 얘기하는 게 옳다고 느꼈다. 마음속에 있는 이야기면 그 이야기를 온전히 전달해야 하고 그 어떤 거짓도 있으면 안 된다고 생각했다.

"사람들과 어울려 지내면 상대를 살펴야 하고, 같이 맞추면서 있는 게 어느 순간 피곤해지더라고. 지금 혼자인 시간이 외롭긴 한데 불편한 상대와 신경 쓰느니 혼자 있는 이 시간이 더 낫더라. 이제는 한정된 나의 에너지를 그런 곳에 쓰고 싶지 않아."

사이가 좋을 때 힘든 사정을 터놓으면 위안이 되지만, 관계가 틀어지면 나의 단점으로 치부될 수 있었다. 다양한 인연 속에서 이런 일이 반복될수록 마음의 생채기가 커졌다. 나의 진심에 대해 상대가 계산기를 두드리는 모습을 발견할 때면 애쓰고 싶은 마음이 점차 식어갔다. 불편한 상대를 맞추느라 많은 시간을 보냈던 나는 그 어떤 에너지도 남아 있지 않았다. 그 순간 '이제는 내 마음 그대로를 보여 주고 싶지 않아.'란 생각이 들었다. 인간관계에서 몇 번의 실패를 겪고 오랜 시간 불편함을 감수하면서, 끌고 왔던 관계들이 점차 정리되기 시작했다. 어제 웃던 관계여도 상대의 진심이 어긋나기 시작하면 미움이 생긴다. 그 마음을 곱씹을수록 상대가 나와 같기를 바라는 기대치가 점차 줄어들었다. 그렇게 나는 점점 마음 구두쇠가 되어가고 있다.

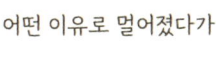

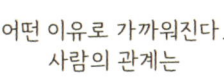

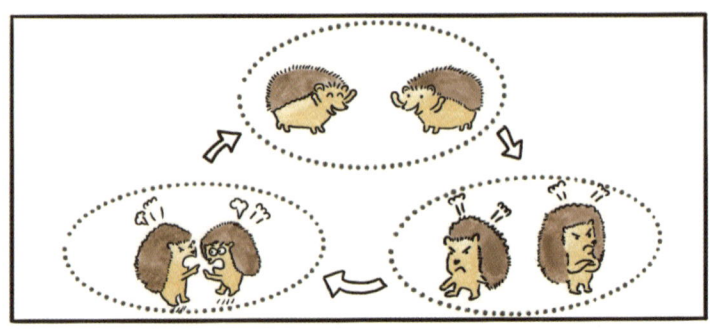

서로의 적당한
거리를 찾게 된다.

상처받기 싫었던
고슴도치처럼

가깝지도 멀지도 않은
적당한 온기로 우리도
그렇게 살아가자.

04

양은 냄비와
뚝배기의 상관관계

올해 초등학교에 입학한 아이를 둔 친구와 만났다. 올해 휴직 중인 워킹맘이라 오전에 약속을 잡았다.

"우리는 학부모 모임에서 만났거든. 분위기를 주도하는 그녀에게 호감이 갔어. 집에 오는 길에 나도 불편한 어떤 엄마가 있어서 그 얘기를 하다가 같은 마음인 걸 알았거든. 자신의 불편한 점이 있으면 조목조목 잘 따지고 야무져서 가깝게 지냈어. 그런데 어느 순간 본인 아이의 감정만 살피는 모습이 불편해지더라. 생각해 보니 주변 사람들 칭찬하는 것은 한 번도 못 봤어. 이상하지? 호감이 있을 때는 자신을 챙기는 모습이 야무져 보였는데, 마음이 한번 상하게 되니까 그 똑 부러짐이 어떤 손해도 용납하지 못하는 이기적이란 생각이 드는 것 있지."

친구는 실망한 듯 한숨을 내쉬며 말했다. 다른 사람의 험담으로 시작된 관계는 끝이 나기 마련이다. 영혼 없는 칭찬만을 하는 상대도 벽 보고 말하는 듯한 답답함은 있지만, 타인의 허점을 족집게 집듯 찾아 꼬집어 얘기하는 상대는 곁에 두고 싶지 않았다.

"동네에서 좋은 친구를 만난 것 같아서 처음에는 기뻤어. 그동안 일하느라 아이 친구 엄마는 처음이잖아. 오랜만에 느낀 감정이라 설렜나 봐. 외로웠던 거겠지. 만날 때면 커피랑 밥도 늘 내가 샀어. 그래도 좋은 마음이었거든. 그런데 다른 이에게 내 험담을 하고 다닌다는 걸 알았을 때는 피가 거꾸로 솟는 줄 알았어. 원래 그런 사람인데 나는 몰랐던 거지. 나 좋을 대로만 생각했다는 게 한편으로 화가 나."

서러운 마음이 가득 찬 친구는 눈물을 글썽였다. 상대에게 좋은 감정일 때는 서툰 행동이 귀엽다고 여기지만, 감정이 틀어지면서부터는 그 모습이 무례하고 배려심이 없다고 여긴다. 동전의 양면처럼 내가 좋을 때는 좋은 면을 보는 거고, 불편한 감정이 많을 때는 더 나쁜 면만 보이곤 했다. 나의 마음만큼 상대가 비슷한 배려를 해주면 좋겠지만 그렇게 되기는 현실적으로 어렵다. "내가 오늘은 만 원을 썼으니 너도 만 원을 꼭 써야 해."가 아니라, 타인의 배려를 감사하고 답례를 표현하는 것은 중요하다. 한쪽으로 치우치는 일방적인 관계는 오래가지 못하기 때문이다. 늘 배려만 하는 일방적 관계가 지속하면 타인의 당연한 듯한 태도에 상처를 받고 마음이 돌아섰다.

나는 첫 호감을 경계한다. 처음에 말을 너무 잘하거나 친절해서 분위기를 주도하는 사람은 멀리하고 싶다. 빨리 친해지기 위해서 말을 쉽게 놓는 것도 좋아하지 않는다. 양은 냄비처럼 성급하게 진전된 관계는 금방 식어가기 마련이다. 상대에게 존댓말로 예의를 차리고 시간이 지나 점차 편하게 얘기할 수 있는 사이가 되면 안락함을 느낀다. 서서히 마음의 임계점을 넘을 수 있는 관계가 좋다. 우직한 뚝배기처럼 서로 알아가는 과정에서 느끼는 잔잔한 온기를 가진 친구를 만나고 싶다. 한때는 기꺼이 배려한 나의 마음을 저울질하는 상대를 보면서 상처받았다. 여러 관계에서 상처받으면서 이제는 쉽게 마음을 주고 싶지 않았다. 타인의 단점을 캐내는 상대도 어차피 시간이 지나면 나의 단점을 찾을 거라는 것을 알기에 가까이하고 싶지 않다. 이젠 더 이상 동네 친구 찾고 싶지 않다며 복직을 얘기한 친구와 헤어졌다. 친구의 쓸쓸한 뒷모습 사이로 소나무의 그림자가 드리워졌다.

'나와 같은 결을 가진 사람을 만나는 것은 바늘구멍에 낙타가 들어가듯 어려운 일이지. 인연을 만들기 위해 서두르지 말자. 차분히 나의 일상을 충실하게 보내다 보면 어느덧 뚝배기 같은 인연이 곁에 오지 않을까.'

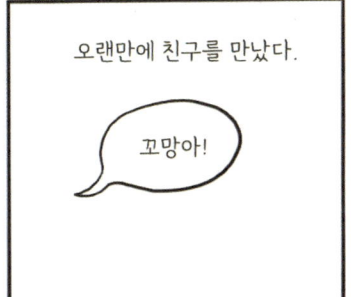

다른 이에게 내 험담을 하고 다닌다는 것을 알게됐어. 너무 화가 나더라.

생각해보니 남들에 대해 좋은 얘길 하는 걸 들어본 적이 없어.

다른 사람의 험담으로 시작된 관계는 끝이 나기 마련이다.

상대에게 좋은 감정일때는 서툰 행동이 귀엽지만

감정이 틀어지면 그모습이 무례하게 느껴진다.

동전의 양면처럼 내가 좋을 때는 좋은 면만 보인다.

나는 처음에 말을 너무 잘하거나 분위기를 주도하는 사람은 경계한다. 	빨리 친해지기 위해 말을 쉽게 놓는 것도 좋아하지 않는다. "내가 언니니까 이제 편히 부를게."  
서서히 마음의 임계점을 넘길 수 있는 관계가 좋다. 	뚝배기처럼 잔잔한 온기를 가진 친구를 만나고 싶다.
타인의 단점을 캐는 상대는 	어차피 나의 단점을 캐낼 것을 알기에 멀리하고 싶다. 

05

여전히
한도 초과하는 너에게

　학창 시절 생일 축하 모임이 있었다. 약속 시각에 늦게 온 D가 손목에 들린 검정 비닐을 생일 주인공을 향해 던지듯 내려놓자 분위기가 싸해졌다. 검은색 비닐에는 길거리에서 급하게 사 온 5,000원짜리 지갑이 담겨 있었다. 생일이었던 친구는 D와 손절했다. 그녀는 지속해서 날 불편하게 하는 관계를 유지할 이유는 없다면서 더는 D의 전화를 받지 않았다.
　자신의 것은 손해 보지 않으려는 사람을 만날 때도 불편하기는 마찬가지다.
　조리원에서 알게 된 인연이었는데 문화센터 수업을 함께

다니게 되었다. 더운 여름에 수업을 함께 다녔던 우리는 시원하고 편하게 있을 곳이 필요했다.

C는 큰 평수에 사는 본인의 집 자랑을 하면서, 모일 때는 조금 더 거리가 있는 A 집에 머물곤 했다.

"A 집이 좋네. 이렇게 평수가 넓지 않아서 금방 시원해져. 에어컨 좀 빨리 틀어요. 더워죽겠네."

남의 집에 와서 무례하기 짝이 없는 그녀의 말에 놀란 A는 C에게 말했다.

"요즘 더워서 에어컨 매일 틀고 있겠네요?"

"우리 집은 넓어서 전기 요금 많이 나와요. 그리고 집이 커서 에어컨 시원해지려면 한참 걸리는 거 알지? 그래서 매일 나가서 있잖아. 여기 에어컨 트니 시원하고 좋네. 매일 와야겠어."

순간 집주인인 A의 얼굴이 일그러졌다.

자신에게는 한없이 너그러우면서 타인에게 극도로 인색한 그녀의 모습에 말문이 막혔다.

상대를 허용할 수 있는 마음의 한도가 만날 때마다 초과했다. 오늘도 어김없이 한도를 초과한 너와 더 이상 함께 있을 이유가 없었다.

"우리 애는 벌써 알파벳을 알아. 난 조기 교육 시키려고 엄청나게 애쓰거든."

본인의 자랑을 늘어놓고 싶어 하는 C에게 A는 단호하게 말했다.

"조기교육 어떻게 하는지 알려줘 봐요. 우리 애도 시켜 보게."

예상치 못한 질문에 C는 얼버무렸다.

"어…. 그거는 아이마다…. 달라서 뭐라고 딱 얘기하기가 어려워요."

그날 이후로 나는 함께 얘기한 단톡방에서 나와버렸다. 본인밖에 모르는 이기적인 관계를 이어가고 싶지 않았다. 전화가 와도 받지 않고 메시지에 답도 하지 않았다.

'차고 넘치는 너의 자랑 이젠 두 눈 뜨고 보기 힘드네. 한도를 초과한 무례함 너나 가지세요.'

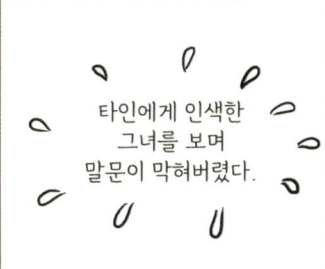

06

모두의 비밀

보통의 비밀은 이렇게 시작된다.

"이런 말 해도 되나 싶은데 말이야."
"이런 말을 하면 안 되는 것 같지만 너한테만 얘기하는 거야."
"이거 정말 일급비밀이에요. 혼자만 알아야 해."

처음에는 나에게 특별한 대우를 하는 말에 혹했다. 그러나 그 비밀을 모두가 알고 있음을 확인한 후로 점차 그 말을 신뢰하지 않게 됐다. 어쩌면 그 말은 "모두가 아는 건데 너한테도 얘기해 주고 싶어. 내가 특별히 인심 쓰는 거야."란 의

미일지도 모른다. 남의 이야기를 쉽게 하는 사람에게는 나의 말을 아끼는 게 좋다는 것을 알게 됐다. 나에 관한 얘기가 어떤 식으로든 사람들 입에 오르내리는 것은 끔찍이도 싫었다. 이런 계산을 하면서 사람을 대할수록 '실수하지 말아야 해.'라는 마음의 긴장도가 점점 짙어졌다.

"나한테는 네가 제일 친하고 편해. 너한테 제일 먼저 얘기하는 거야. 알지?"

'너한테만 얘기하는 일급비밀'이라는 말은 상대에게 내가 더 특별한 존재가 되고 싶어서 하는 말이 아니었을까? '처음 너에게 얘기하는 거야.'의 속내는 '너도 나를 특별하게 생각해주면 좋겠어.' 일지도 모른다. 그런 상대를 만나고 집으로 돌아올 때면 이렇게 예민하게 날 선 마음에 지쳐서 아무것도 할 수 없는 날이 다반사였다.

'다 아는 비밀이라도 특별히 너한테 얘기하는 나를 좀 더 신경 써서 좀 더 알아주면 안 될까?'하는 속내가 담긴 말일 수 있다. 자존감이 낮은 이들은 상대의 확인을 받기 위해 노력한다. 그런데 '너한테만 하는 거야.'라는 말은 더 신뢰를 떨어지게 한다는 것을 모르는 것 같다. 그런 일이 잦아질수록 종잇장 같은 얄팍한 믿음이 깨져갔다. 너에게 처음 말하는 거야라는 말만큼 호감도가 더 떨어지는 말이 있을까.

'꼭 말할 수 없는 일급비밀이라면 그냥 아무 말 말아 줄래.'

"너에게만 얘기하는 일급비밀이야!" 라는 말은 어쩌면

너에게 난 특별한 존재가 되었으면 해.

라는 바람이 아닐까.

자존감이 낮은 사람들은 타인의 확인을 받기 위해 끊임없이 노력한다.

너한테 첫 번째로 얘기하는 거야!

라는 말이 있던 신뢰도 사라지게 한다는 걸 모를까.

말할 수 없는 비밀이라면 그냥 아무 말 말아 줄래.

특급 비밀인데!

07

하나를 꾸준히
해나가는 법

"아메리카노를 먹기엔 카페라테가 생각나고, 라테를 먹기엔 깔끔한 아메리카노가 나은 것도 같고 참 결정이 힘들어."

"아…. 그러게 짬짜면처럼 두 가지 맛을 한 번에 맛보면 좋겠다."

대학 친구와 커피 메뉴판 앞에서 어떤 음료를 마실지 한참을 궁리했다.

"우리 학교 때 A 알지."

"응 알지. 잘 지내고 있나?"
"A가 요즘 방송에 나오더라?"

A는 애니메이션과에서 조용한 성격의 존재감 없는 아이였다. 늦게까지 학교에 남아서 작업을 하거나 모임 자리를 즐기는 편도 아니어서 나와는 친해질 기회가 적었다. 애니메이션은 반복적인 그림으로 해야 할 작업량이 극도로 많았다. 과제 쓰나미에 밤샘이 많았던 모든 작업을 그녀는 성실히 임했고 특히 스톱모션애니메이션에 관심이 많았다. 과제 작업과 졸업 작품 모두 3D 스톱모션애니메이션 기법으로 제작했다. 졸업하고 나서도 3D 애니메이션 제작사에 들어가서 취업을 했다고 들었다.

"그 A 있잖아. TV에 나오더라고. 요즘 아주 화젯거리인 스톱모션애니메이션 광고업체에서 제법 직책도 높은 거 같더라. 정말 멋있지."
"그래? 졸업하고 그 일을 지금까지 계속했던 거야? 정말 대단하다! 너무 궁금하고 보고 싶은데?"

우리 과에서는 드로잉이 뛰어난 몇몇 아이들은 자퇴하거나 다른 진로로 바꾸는 경우가 있곤 했다. 한 장의 그림을 완성해서 한 컷 한 컷 촬영하고 편집하는 스톱모션애니메이션은 그야말로 엄청난 노동강도에 선뜻 그 길을 선택하기는 쉽지 않았다. 나는 애니메이션과를 나오면 멋있는 미래가 있을 것 같아서 선택했다. 애니메이터를 장래 희망으로 선택했지만, 다양한 장르의 애니메이션 밤샘 작업을 지속한 뒤로는 더 이상 그 꿈은 꾸지 않았다. 한 가지 일을 우직하게 해내고 있는 그녀가 대단하게 느껴졌다. 처음에는 아주 작은 모래알로 탑 쌓기를 하는 것처럼 끝이 보이지 않는 길을 걸어가는 기분이었을 것이다. 한 해 차곡차곡 자신의 작업물을 꾸준히 해나가는 그녀를 보면서 지금까지 너무 잘해왔다고 기꺼이 응원하고 싶다.

　뚝심 있게 자기 생각을 한 발 한발 밀고 나갈 수 있는 추진력이 근사하다. 학창 시절의 보여지는 그녀 모습이 누구보다 평범하다고 규정한 내가 부끄러웠다.

　요즘은 피자 한 판을 먹더라도 다양한 토핑을 얹어 즐길 수 있다. 그러나 막상 여러 맛을 느끼려다 본연의 맛을 잃어버릴 때가 있는 듯하다. 나는 늘 반짝이는 것을 기웃거렸다. 애니메이터가 멋있어 보였고, 캐릭터 상품 디자이너가 되면 근사할 것 같았다. 나의 그림책을 만들면 작가 데뷔란 근사하게 보이는 결과만이 중요했다. 인정받을 수 있는 직업을 선망하며 시시각각 변했던 꿈은 줏대 없는 태도였다는 것을 요즘 와서 깨달았다.

지금의 나는 '이야기를 만드는 사람'이 되고 싶다. 나의 이야기가 에세이가 될 수도 있고, 만화로 표현할 수도 있으며 일러스트로도 다양하게 만들어 보고 싶다. "이런 걸 해야지 독자들에게 인기가 많고 잘 팔리지."라고 해서 기획하는 게 아니라, 내면의 이야기를 진솔하게 찾아내서 나만의 방식으로 풀어가는 이야기꾼이 되고 싶다. 뒤늦게 그림을 시작한 나는 어떤 종류의 도구에도 거침없이 그리는 친구들이 늘 부러웠다. 정밀 묘사에 뛰어난 친구들을 보면서 따라 하고 싶었고, 남들의 인정을 받는 잘 그리는 그림을 그리기 위해서 노력했다. 어느 순간 나만 할 수 있는 재치 있는 그림이 남들보다 부족하다고 늘 자신을 깎아내렸다. 선 하나로 가볍게 그린 듯한 따뜻한 느낌이 나의 감각이었는데, 늘 위축된 자신을 타박했다.

내가 하고자 하는 것이 분명해지면서는 타인의 그림을 보거나 꿈을 들어도 흔들리지 않는다.

이제는 우직하게 밀고 나가는 상대의 목표를 함께 격려하며 응원하고 싶다.

기대한 결과에 미치치 못하더라도 포기하지 말고 원하는 꿈을 천천히 이루어보자고 말이다.

조용하고 내성적인 그녀는 스톱모션애니메이션에 유독 관심이 많았어.

다들 힘들어서 꺼려하던 일을

작은 것부터 차곡차곡 찾아가기 시작했지.

그렇게 오랜 기간 자신의 길을 걸었어.

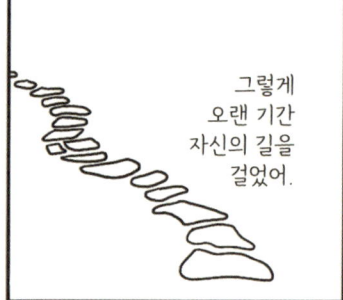

나는 늘 반짝이는 것들에 기웃거렸다.

출간 작가가 되고 싶었고

나만의 캐릭터를 만들기 원했고

유명한 애니메이터가 되고 싶어.

08

위안의 굴레

중학교 엄마들이 수행평가를 앞두고 카페에 모였다.

"우리 애가 그 아들만큼만 하면 난 꽃가마를 태울 거야. 영어를 잘해서 얼마나 좋을까요."
"그렇지도 않아요. 영어 할 시간에 수학을 좀 더 달릴 걸 생각이 들더라고요."

그중에 영어 영재라 불리는 아이가 화제로 떠올랐다. 영어 시험을 앞두고 언어에 특출난 재능이 있는 아이를 모두 부러워했다.

"막상 아이가 원하는 고등학교를 생각하니까 입시에서 수학 비중이 높더라고요. 앞으로 어떻게 할지 정말 고민이 많이 되네요."

모두가 선망하는 가운데 정작 그녀의 고민은 엄마들의 부러운 시선을 벗어나 있었다. 어쩌면 주변의 부러움을 한 몸에 받더라도, 본인이 원하는 기준에 도달하지 못하면 만족이 안 되는 것이 아닐까.

"그만큼 하는 게 얼마나 대단한 건데, 부럽다 부러워."
"맞아, 우리 애는 아직 영어도 한참이야. 우리를 보며 위안으로 삼아요."

'너처럼 못한 나를 보며 위안을 가져.'라고 해서 그 말이 상대에게 진정한 위로가 될까. 정작 부러워하는 사람은 타인의 그 상황을 이루지 못했기 때문에 노력으로 쌓인 결과들이 더 크게 느껴진다. 하지만 상대는 차곡차곡 쌓아온 본인의 자리에서 목표한 다음 과정이 있기에 그런 부러움의 말들이 마음에 와닿지 않을 것이다. 어쩌면 인생은 타인과의 비교를 통한 위안의 틀에 갇혀있는 게 아닐까.

'그래…. 그 사람보다 내가 더 나을 거야.'
'이만하면 된 거지? 그래 다들 그렇게 얘기하니 괜찮은 거겠지.'

내가 인생의 주체가 되지 않았을 때는 위로에 끄덕였다. 하지만 목표를 찾게 되면서부터는 남들의 어떤 위안의 말들도 내게는 장판에 쏟아진 물처럼 스며들지 않았다. 달콤한 위안을 들어도 마음속 찌꺼기가 남은 것처럼 후련하진 않았다. 출간한 나를 보며 주변 지인들이 전업주부가 만화를 그린다는 게 대단하다고 했지만, 그런 얘기를 들을수록 나의 고민은 위로받지 못했다. 자신이 가고자 하는 방향과 목표가 선명할 때는 그 어떤 위안을 받지 못하는 것처럼 말이다. 맛있는 밥상은 다양한 재료로 요리하며 자신의 입맛으로 만들어가는 것처럼, 본인 중심의 인생을 살아가면 위안의 굴레에 의지하지 않게 된다는 것을 깨닫게 됐다.

달콤한 위안에 흔들리지 않았다. 	맛있는 밥상은 
다양한 재료로 요리하며 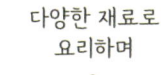	자신의 입맛으로 만들어가는 것처럼 
본인 중심의 인생을 살아가면 	더 이상 위안의 굴레에 의지하지 않는다. 

09

수박 겉돌기만 해 온 나에게

"그때 준 반찬통 가져왔어. 네가 그때 준거 너무 맛있더라."
"어머니가 해주신 반찬이 입에 맞았나 봐. 담엔 더 챙겨줄게."

뻔히 같이 있는 자리인데 자기들만 아는 얘기를 하는 사람들과 함께일 때 뒤틀린 감정이 밀려왔다. 반찬을 받고 싶어서가 아니라 눈앞에서 누구는 주고 누구는 안 주는 행동을 보고 있노라면 친분의 서열이 나뉘는 거 같아 불편했다. 여럿이 모인 자리인데 자기들끼리만 아는 얘기를 키득거릴 때의 불편함도 마찬가지다.

내가 대화에 끼지 못하는 자리에 있게 되면 물과 기름처럼 이질감을 느껴져서 어디서도 섞이지 못했다. 그럴수록 소외된 기분이 차올라 외로움이 밀려왔다. 소외감으로 인해 느낀 불편한 감정을 드러내기가 두려웠다. 상대의 불편함을 드러내서 의견을 말하는 후련함보다, 표현하지 못해서 참아내는 게 더 낫다고 생각했기 때문이다.

둘째 아이가 놀이터에서 친구들과 잡기 놀이를 했다. 술래가 된 아이는 친구들을 잡으려고 다녔는데 친구들이 둘씩 손을 잡고 다니면서 짝꿍 잡기 놀이가 됐다. 짝꿍이 된 아이들끼리는 신이 나서 속닥거리는 사이, 아이의 표정은 서서히 굳어졌다. 불만이 가득한 표정의 아이는 친구들에게 이렇게 술래 하기 싫다고 말했다. 그런데 그중 목소리가 큰아이가 "넌 그냥 해야 하는 거야."라고 명령조로 말을 했다. 그 말에 주눅 든 아이는 눈물을 훔치며 옆에 앉았다.

"처음에 한 명씩 잡는 술래 했을 때는 재밌었어요. 그런데 내가 술래 하니까 애들이 나만 빼고 둘이서만 손잡고 속닥속닥 얘기하는데 힘들고 하기 싫었어요."

"그랬겠다. 속상해서 얘기했는데 친구가 그 말을 무시하듯 말해서 기분이 상했겠는데?"

몇 번씩 함께 놀았던 친구들인데 아이의 마음을 헤아려 주지 않는 것을 보면 소외감의 깊이는 더 무거워질 수 있다. 그것은 함께한 누구도 나라는 존재를 인식하지 못한 채 홀로 내 버려진 느낌 아닐까? 그런 소외감을 느낄 때 마음을 표현하는 것은 용기가 필요했다.

얼마 후 마음이 진정된 아이는 호흡을 가다듬고 그 말을 한 친구에게 다가갔다.

"너한테 할 말이 있어. 잠깐 저쪽으로 가서 얘기할 수 있을까?"

"아까 네가 나한테 그냥 해야 하는 거라고 큰소리로 말해서 너무 불편하고 속상했어. 혼자서 계속 술래 하는 것도 힘들었는데 네가 그 말을 해서 너무 기분이 상했어."

"아……. 그래…? 그렇다면…. 미안해."

"다신 그러지 마."

친구에게 자신의 불편함을 말한 뒤, 눈물을 닦으며 다가왔다.

"오늘은 그만 집에 갈래요."

집으로 걸어가는 데 목소리가 큰 아이가 모인 아이들에게 고개를 갸우뚱하며 말했다.

"아. 내가 정말 그렇게 잘못한 거야? 그게 그렇게 속상하고 심한 말인가??"
"........."

속상함의 크기는 상처받은 사람만이 정할 수 있다. 상처를 준 사람은 자신의 말이 타인에게 얼마나 아픔을 준 것인지 짐작할 수 없기 때문이다. 누구라도 타인의 존재를 인식하지 못한 채 자신의 의견이 옳다고 내세운다면 그걸 겪은 상대방은 홀로 내버려진 것 같은 마음이 들 수 있다. 소외감으로 인한 불편한 감정이 들었을 때 그대로 고립된 감정에 빠지지 않고 자신의 의사를 명확하게 표현하는 게 중요하다. 그런 의사표시의 경험이 없는 채로 성인이 된다면 자신의 의견을 자신 있게 표현하기가 더욱 어려워지기 때문이다.

어렸을 적 엄격한 가정의 분위기 속에서 내 의견을 자신 있게 꺼내기가 힘들었다. 내가 수용 받는 경험이 적었던 나는 그 속에서 나의 의견을 말하기 이전에 상대방의 눈치를 보기 일쑤였다. 성인이 되어서도 내 생각을 명확하게 표현하기에 어려움이 있었다.

"연아가 엄마보다 낫다. 엄마는 네 나이 때 불편한 감정이 있어도 그냥 참아야 했거든. 어느 순간 그게 참 힘들었어. 말 꺼내기가 두려웠을 텐데 너무 잘했어. 오늘 저녁은 네가 좋아하는 스파게티 먹자."

PART 2

샌드위치에 바르다 만
잼도 아니고

01

똑같은 상황이 아니면
상대가 이해되기 힘든 것처럼

모처럼 기분 전환을 하기 위해 서울 나들이하러 간 날, 친구를 만났다. 그녀는 이번에 새로 산 아이패드를 보여주었다.

"나 요즘 아이패드로 작업하고 있는데 좋더라고."

"나도 맥북으로 컴퓨터 바꾸고 싶었는데 하던 일이 잘 안 돼서 못 샀지 뭐야."

부러움이 뒤섞인 말에 친구는 한마디를 던졌다.

"주부로 있으면서 비자금 그런 거 준비해 둔 것도 없어?"

친구의 무심코 뱉은 말에 기분이 상하는 나였다.

"빚 갚느라 그럴 여유는 아직 없어서."

물음에 답을 하는 내 목소리가 점차 가라앉았다. 나를 무시해서 건넨 말이 아니라는 것을 알면서도 마음이 좋지 않았다. "없어? 없어??" 친구의 말이 자꾸만 귀에 맴돌면서 한껏 부풀어진 초라함에 움츠러들었다.

결혼과 육아를 해 보지 않은 사람은 가정을 꾸리는 게 얼마나 큰 비용이 드는지 헤아리지 못한다. 반대로 내가 혼자 사는 여성의 마음을 오롯이 이해하지 못하는 것처럼 말이다. 막연하게나마 외로운 생활을 짐작하지만, 그 현실을 낱낱이 알기는 어렵다.

외동을 키우는 엄마가 다자녀 엄마의 마음을 헤아리기 힘든 것처럼, 같은 처지와 상황을 경험해 봤을 때야 비로소 상대를 배려할 수 있는 말도 할 수 있다.

결혼 전에는 내 중심이 되어서 행복한 결혼생활을 할 거라고 막연히 꿈꿔왔지만, 실제 현실은 생각과 많이 달랐다. 아이들을 키우는 주부로 살면서 자신을 돌아보고 싶었다.

주부로 차곡차곡 쌓아온 그 시간이 나도 모르게 한심하게 느껴져서 속상했던 걸까? 타인을 배려한다는 건 어쩌면 그 상대의 상황에 대한 첨언을 안 하는 건지도 모른다.

키가 작은 아이를 신경 쓰고 있는 엄마에게

"우리 애는 자꾸만 커서 걱정이에요. 이제는 영양제를 끊어야 할까 봐요. 호호."

"여태까지 남자 친구 안 사귀고 뭐 했어?"
"해외여행을 한 번도 안 가봤다는 게 말이 돼?"
"그 나이까지 그럴듯한 취미 하나 없는 게 진짜야?"

이런 말들이다.

직접 경험해 보지 못한 타인의 상황에 대해 넘겨짚는 말이 얼마나 큰 상처를 줄 수 있는지 가끔 잊어버릴 때가 있다. 둘째 아이가 태어나고 늘 피로감에 시달리고 살았던 때에 싱

글 라이프를 즐기는 친구와 통화했다.

"너처럼 아이 키우는 게 지금 내가 하는 일보다 훨씬 쉽고 편해 보여. 정말 부럽다."

나를 배려하지 않는 말을 들을 때 말문이 막혀버렸다. 그때는 당황스러운 마음에 말을 못 했는데 생각할수록 예고 없는 소나기를 맞은 기분처럼 찝찝하고 억울한 마음이 커져만 갔다. 민첩하게 대응하지 못한 답답한 마음에 독백처럼 중얼거렸다.

'친구야. 육아하며 피로에 파뿌리 되고 순간순간 우울함에 눈물 한 바가지 쏟아보면 그런 말이 쉽게 나오지 않는단다. 너처럼 너 하나만 생각하며 살 수 있는 게 얼마나 편안하고 즐거울까? 생각만 해도 설레어.'

허공 속에서 마음의 소리를 내뱉으니 한결 마음이 가벼워졌다.

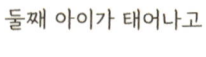
둘째 아이가 태어나고

매일매일 피로에 시달렸다.

띠링

나 또 승진했잖아. 나만큼 할 수 있는 사람이 없거든. 너무 바빠.

자랑인 건가….

너처럼 편하게 아이 키우면 좋겠다. 내 일보다 편해 보여서 정말 부러워.

어쩌면 타인에 대한 배려는 상대의 상황에 대한 첨언을 하지 않는 것일지도 모른다.

이번 주도 힘들었지?

같은 처지와 상황을 경험했을 때 비로소 상대를 배려할 수 있다.

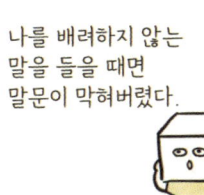

02

남의 눈치를 보며
피곤하게 지낸 나에게

"외동인 사람? 음…. 두 명이군, 형제 두 명인 사람? 거의 다 두 명이구나. 그러면 형제 세 명인 친구도 있니? 혹시 모르니까 네 명이 있나? 없지?"

조회 시간, 선생님의 갸우뚱거리는 모습에 창피함이 온몸에 스며들었다. "없지?"라는 질문에 선뜻 자매가 다섯 명이나 있다는 말이 떨어지지 않았다.

'아…. 선생님이 다섯 명까지 안 부르면 어쩌지…? 손들기

도 창피하긴 한데…'

나는 안절부절한 마음에 손톱만 물어뜯었다. 그 사이 선생님은 유유히 조회를 마치고 교무실로 가셨다. 멀어지는 선생님의 뒷모습을 보며 주저하다 수업 시간 내내 하지 못한 말이 머릿속을 맴돌았다. 쉬는 시간에 선생님께 다가갔다.

"선생님 아까 형제 몇 명인 거요…. 우리 집은 5명이에요."
"응?? 뭐라고? 오 형제? 독수리 오 형제…? 응 알았어."

피식 웃으며 퉁명스럽게 답하는 선생님의 뒷모습에 후회가 됐다.
'얘기하지 말 걸 그랬나…?'
선생님의 독수리 오 형제라는 목소리가 계속해서 귀에 맴돌았다.
'독수리 오 형제라니…. 정말 용기 내서 얘기한 건데…'

나는 놀림당하는 느낌이 들었다. 그때의 놀리는 듯한 말투가 싫어서 그 이후에는 어른에게 할 얘기가 있어도 직접 찾아가서 하는 예는 없었던 것 같다. 꼬마인 나를 보면서 동네 어른들이 "너희 집은 아들 낳으려고 한 거 아니니?"라고 웃으며 물을 때면 화가 나고 무안했지만 아무 말도 하지 못했다.

상대를 배려하지 않은 무례한 말이었다는 것을 내가 어른이 되어 더 선명히 알 수 있었다.

03

공부 잘하게
생겼다는 그 말

언니들은 학교에서 유명한 모범생이었지만 노는 것을 좋아하는 나는 책과 담을 쌓으면서 지냈다. 셈이 빠르지 않았던 나는 시험도 늘 많이 틀렸고 공부의 흥미를 느끼지 못했다.

초등학교 4학년, 수학 시간이었다. 당시 수업에서 다뤘던 내용은 물질의 부피를 구하는 것이었다. 비커에 물만 있을 때의 부피와 큰 돌멩이를 올려놨을 때의 부피의 차이를 풀이해야 했지만, 학교 공부를 등한시한 내가 그 문제를 풀 턱이 없었다. 학기 초였는데 수학 선생님이 나를 지목하며 풀어보라고 하셨다.

"아…. 그게…."

머뭇머뭇하자 선생님이 대답 못 하는 나를 보시며 놀랬다.

"너 이거 몰라? 어휴…. 너 진짜 공부 잘하게 생겼는데…. 신기하네."

20년이 더 지난 이야기인데 아직도 내게 큰 상처가 된 일이다. 선생님은 나를 굉장히 공부를 잘하는 아이라고 생각하셔서 지목하셨던 거였다. 그날의 선생님의 "몰라? 어휴."라는 질문 뒤에 한심스러운 표정이 너무 싫었다. 여린 마음을 가진 어린이는 어른의 한숨 섞인 혼잣말과 눈빛 등에 민감하게 반응한다. 옆에서 지켜봐 주는 존재가 없는 난 배움이 느린 아이였으므로 학교 공부가 늘 버거웠다.

자매 중에 큰언니는 학교에서 1등을 휩쓸었고 뭐든 잘해서 동네에서 유명했다. 그런 언니는 한 번도 공부 잘하게 생겼다는 말을 들어본 적이 없었다. 언니와 어른이 돼서 얘길 나누게 되었다.

"공부 잘하게 생겼는데 공부 못하는 게 나은 걸까?, 아니면 공부 잘하게 생기지 않았는데 공부 잘하는 게 나은 걸까?"

"글쎄…. 난 그런 생각은 해 본 적이 없네."

진지한 나의 질문에 역시나 모범생다운 대답이었다. 공부하느라 그런 생각조차 해 보지 않은 언니와 여러 가지를 신경 쓰느라 감정 소비를 많이 하는 나는 완전히 다른 사람이었다.

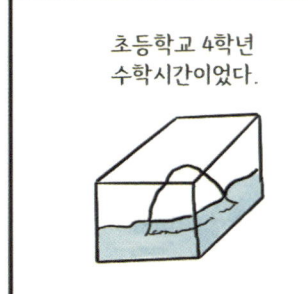

옆에서 지켜봐 주는 이가 없던 나는

학교 공부가 늘 버거웠다.

자매 중에 큰언니는 학교에서 1등을 휩쓸었고

뭐든 잘해서 동네에서 유명했다.

그런 언니는 공부 잘하게 생겼다는 얘기는 단 한 번도 들어본 적이 없었다.

각자 독립을 한 어른이 되어서 언니를 종종 만났다.

04

검정 옷의 배신

"엄마랑 이모들은 왜 다 검정 옷만 입어요?"
"하얀색 옷을 입은 걸 한 번도 못 봤어요."

낯익은 아이 친구들이 친근하게 말을 걸었다. 모둠으로 모여있는 엄마들의 복장이 한결같은 검정인 것이 궁금해서였다.

"이만한 옷이 없어. 김칫 국물도 안 묻고, 오래 입어도 더러워지는 것도 티 안 나고, 무엇보다 살찐 것도 커버해 주잖아. 일석 몇조냐 하하하."

매일 같은 대답이 민망할 때도 있다. 나는 매일 입는 검정 티와 바지, 양말 심지어 속옷도 검정이다. 장점이 많은 검정 옷에 대해 이만한 옷이 없다며 연신 칭찬 연설 중이었다.

"그런데 햇빛에는 덥잖아요."

아…. 하지만 햇빛 따위는 견뎌낼 수 있었다. 검정 옷은 갈수록 토실해지는 올록볼록한 몸매를 감춰주는 영혼의 단짝 같은 존재였다. 매일 같은 검정 티셔츠를 입어도 질리지 않았다.

"난 옷 살 때 같은 것을 두 개씩 사. 매일 빨아서 돌려 입거든."

"나의 검정 옷은 같은 게 두 개씩이야."의 속내는 "난 초라하게 검정 티셔츠 한 개만 줄곧 입지 않아. 이래 봬도 매일 다른 검정 옷을 입는 거라고."인지도 모른다. 새것을 입어도 티가 안 나는 존재감 없는 검정 옷의 의미를 숨기고 싶은 마음인 걸까?

주말에 남편 친구들과 삼겹살 파티를 했다. 오랜만에 만나는 자리라 일찍부터 일어나서 화장을 곱게 하고, 어제 잘

말려둔 검정 티셔츠와 바지를 단정히 차려입었다.

"어 근대…. 제수씨 살쪘는데?"

'뭐라고? 나의 비밀을 잘 지키라고 검정 옷에 그렇게 신신당부했는데 그새 비밀을 발설한 거야?'

화들짝 놀란 나는 얼굴이 화끈거렸다. 내 올록볼록한 살찐 비밀을 검정 옷으로 감춘 건데, 생각할수록 배신감을 느꼈다. 몰래 먹은 과자를 들킨 것처럼 민망해져서 얼굴이 붉어졌다.

'내가 그렇게 일급비밀을 절대 퍼뜨리지 말라고 연거푸 얘기했건만, 너는 약속을 지키지 않았다니…. 진짜 너무하네.'

배신감에 마음이 차디차게 얼어버렸다. 집으로 돌아가는 길에 검정 옷과 절교하겠다고 다짐했다. 검정 옷을 즐겨 입는 엄마들이 제일 싫어하는 말은 어쩌면 "쪘지?"일지도 모른다.

나처럼 검정 옷을 교복처럼 즐겨 입는 친구 엄마와 얘기를 나눴다.

"검정 옷으로 살찐 부분을 감쪽같이 잘 가리고 있었거든.

난 심지어 머리도 검은색이잖아. 우연히 옆집 언니를 봤는데 나한테 다가와서 '쪘지?' 하는 거 있지! 너무 화나서 그날 난 단발머리를 올려 묶었잖아. 턱선이 보이니 한결 날씬해 보이더라고."

"너 가진 그 검정 핀으로?"
"응. 검정이지만 큐빅이 박힌 핀이었어. 반짝거리는 큐빅이 얼마나 돋보이던지!"

존재감 없는 검정이 빛나길 바라는 마음은 '내가 입는 검정 옷은 매일 달라.'라는 의미와 비슷하지 않을까. 샤워를 마치고 갈아입을 옷을 찾기 위해 옷장 문을 열었다. 옷장을 가득 채운 검정 옷을 하나 꺼내 입으며 뿌연 안개 같은 한숨을 쉬었다.

"검정 옷 비밀 지켜! 다신 그러지 마."

05

자존감 카드

워킹맘인 친구 엄마를 놀이터에서 만났다. 오랜만에 만나 반가운 마음에 테이블에 앉았다.

오늘은 아이 레벨 테스트가 있어서 월차를 낸 친구는 여유 있는 미소를 지었다.

"이번 달 아이 학원비 내 지갑에서 꺼낸 내 카드로 했잖아! 아 정말 짜증 나! 내 월급은 도우미 이모님 드리면 남는 것도 없다고. 남편의 생활비 카드로 결제해야 하는데 이번 달은 또 이렇게 넘어가네."

"내 돈?"

전업주부인 엄마들이 어리둥절한 표정이었다.

"'내 카드'라는 말이 낯선데?"
"내 카드라는 말은 굉장히 전문직 여성 같은 느낌이야. 멋있는데?"

나도 신용카드가 있지만 내가 벌어서 쓰는 카드가 아니라서 온전히 내 것 같은 느낌이 안 들었다. 내가 소유하고 있지만 내 것 같지 않은, 우리 모두의 필요한 비용으로 사용되어야 하는 카드는 나만의 것이 아님이 분명했다. 친구의 '내 카드'라는 말은 나만 소유할 수 있는 비밀스러운 특별함으로 느껴졌다. 많은 탐관오리를 응징할 때 "암행어사 출두요!"라는 군중 속 함성이 생각났다. 친구의 '내 카드'의 느낌은 암행어사의 신분을 증명하는 표식으로 말이 다섯 마리 그려진 마패와 같이 느껴졌다. 그것은 이런 마패처럼 절대 권력을 보여줄 수 있는 상징적인 지표가 되는 자존감 카드였다.

내 것에 대한 소유가 결혼 후 육아를 하면서 무의미해지는 것 같다. 똑같은 하루를 보내며 나만의 특별함이 없다고 느끼는 지루한 일상이 계속됐다. 퇴근한 남편이 마트에 다녀온 나를 기다렸다.

"며칠 전부터 치킨이 너무 먹고 싶더라고. 양념이랑 프라이드랑 먹을까?"
"아니! 등갈비 김치찜을 했는데 무슨 소리야. 치킨이라니! 등갈비 준비한다고 얼마나 오래 걸렸는데 오늘은 안돼. 저녁은 김치찜에 계란말이야."
"아…. 알았어. 그럼 내일은 어때?"
"엄마 치킨 우리도 먹고 싶은데…. 언제 먹어요?"

옆에서 듣고 있던 아이들이 남편을 거들었다.

"음…. 치킨은 너희 살쪄서 안 돼. 주말에 한번 그것도 점심때 먹자."
"………"

나의 단호한 목소리를 듣고 시무룩한 표정으로 남편과

아이들이 방으로 들어가는 모습을 보니 가슴이 뻥 뚫리는 통쾌함을 느꼈다. 리더십을 겸비한 대기업 회장님의 새로운 안건 지시처럼, 전업주부의 권력을 보여줄 수 있는 마패를 가진 것 같아 흐뭇했다. 이 시대의 절대 권력을 가정에서 보여주고 있다니! 음식이야말로 나의 자존감 카드임이 분명했다.

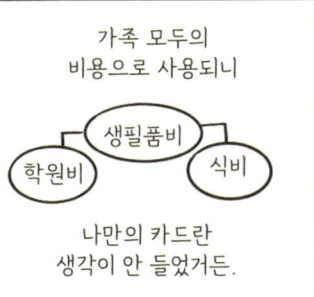
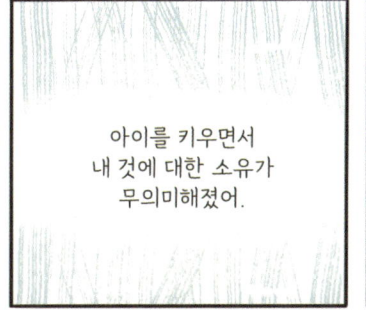

06

마음을 기울이는 노력
하고 있나요?

    D는 대학 졸업 후 알게 된 선배다. 우리는 회사를 오가며 친해졌고 서로 의지를 많이 하는 관계로 발전했다. 퇴사한 뒤에도 돈독한 관계를 유지했지만, 어느 날 문제가 생겼다. 둘 사이의 관계가 틀어지게 된 건, 책 작업을 함께 진행하던 때였다. 생각해 보면 우리는 생각하는 가치관과 성향이 상이했다.

    "너는 예전부터 욕심만 앞서! 그림도 너무 부족하지."
    "………"
    "내가 정말 많이 참았어."

"........."

"그럼 네가 직접 하던가! 우리가 얼마나 고생하는지 알기나 해?"

선배는 이십 대 초반의 젊고 어렸던 나를 기억하고 있는 듯했다. 순수했던 그때와 다르게 40대인 지금은 세상의 풍파를 겪었고 확실한 주관이 생긴 것을 인지하지 못했다.

오랜 시간 동안 서로 알고 지냈다고 해서 상대에 대해 정말 잘 안다고 얘기할 수 있을까? 그 사람에 대해 "그럴 거야."라고 판단하는 마음이 관계를 더 어긋나게 하는 것일지도 모른다. 익숙함 속에서 느끼는 편안한 태도는 타인에게 무례한 감정을 줄 수 있다. 깊은 신뢰로 이어지는 관계가 되기 위해서는 서로 예의를 갖추는 태도가 필요하다. 모든 일이 마무리되었을 때, 내가 보낸 카톡에 아무런 답이 없는 그와 더 이상의 감정 소진을 하고 싶지 않았다. 그렇게 20년간 이어진 인연은 끝이 났다. 카톡 차단을 누르면서 혼잣말을 중얼거렸다.

'나를 존중하지 않은 관계는 그만할래. 이젠 안녕.'

오랜 시간 알고 지냈다고 해서
서로 잘 안다고 할 수 있을까?
어쩌면 깊은 관계는
알고 지낸 시간이 아니라

힘들었겠다.

서로 마음을 기울이는 노력이
있어야 유지되는 것 같거든.

넌 원래 좀
부족하잖아!

상대를 잘 알고 있다고
판단하는 말들에
관계가 무너지지.

상처 받으면서까지 유지해야
하는 관계가 있을까.

나를 존중하지 않는
관계까지 이어가고
싶지 않아.

이제 그만할래.
안녕.

함께였다가 흘러가는 인연이 된 우리.
이젠…안녕.

07

샌드위치에 바르다 만
잼도 아니고

    내 마음과 같은 결을 만나기는 쉽지 않은 일이다. 어렸을 적에 나는 '사람을 간 보는 건 나쁜 행동이야. 사람이 솔직하고 진솔하게 대해야지 그건 맞지 않아.'라는 생각을 갖고 있었다. 물론 그런 관계에서 좋은 사람들도 있었지만, 더 발전되지 않는 평행선 관계를 지속하는 인연도 많았다. 우연히 내 인스타 아이디를 알게 된 지인이었는데 그녀가 인스타를 한다는 것을 예전부터 익히 알고 있었다. 내 것을 알게 됐길래 네 아이디는 뭐냐고 물어보니 자신은 비공개 계정이라고

입을 닫아버린다.

'그럼 뭐야. 내 주소만 알고 본인 것은 안 알려주는 거야?'

인스타를 보면서 내 근황 파악은 하면서 자신의 속내를 숨기는 사람에게는 마음을 보여주고 싶지 않았다. 오랜만에 반갑게 통화할 때면

"오후에 커피 마실까?"

"음…. 난 오후에는 안돼. 어디 좀 가야 해서."

"그래? 어디 아파?"

"아니. 개인적인 일 때문에…."

'개인적인 일'이라는 말을 상대에게 언급하는 것은 '나의 비밀을 너에게 오픈하기는 좀 그래.'라는 말일지도 모른다. 궁금함에 여지를 주는 말을 들을 때면 샌드위치에 바르다만 잼을 보는 것처럼 씁쓸하고 찝찝했다. '개인적인 일' '급하게 볼일을 보느라고' '요청받은 처리해야 되는 일이 있어.'라는 말을 타인에게 하기 전에, 상대방이 알기 곤란한 일이라면 처음부터 "개인적인 일"이라고 간을 보는 말은 안 하는 게 좋은 것

같다.

자신의 모든 이야기를 가감 없이 말하는 사람을 봐도 불편하기는 마찬가지다. 너무 과하게 자신의 속내를 창고 대방출하여 상대를 배려하지 않고 떠드는 사람이나, 무언가를 얘기할 때 비밀 거리를 남기는 사람 모두 타인을 살피지 않는 불편한 감정을 준다는 공통점이 있다. 이렇게 상대를 배려하지 않은 태도를 마주할 때면 마음의 거리가 더 멀어졌다. 이런 마음으로 관계를 지속할 때면 왠지 모를 공허함에 젖어 들곤 했다.

바르다만 잼처럼 할 말을 다 안 해서 답답함을 주거나, 잼이 흘러넘치도록 혼자서 떠드는 인연은 피곤해서 그만할래.

08

샌드위치에 바르다 만
잼도 아니고 2

상처받고 싶지 않은 마음이 앞설 때면 누군가와 가까워지기 어렵다.

나이가 들어갈수록 주변에 사람들이 줄어들었다.

나이 먹고 줄어든 인간관계가 얄팍해진 지갑만큼 처량하네.

나이 먹고 줄어든 인간관계가
얄팍해진 지갑만큼 처량하네.

PART 3

자꾸만 토마토가
되라고 하는 너에게

01

사려 깊은
너와의 이별

　10살인 둘째 딸아이는 코로나 이후에 급격히 살이 쪘다. '나를 닮아서 조금만 먹어도 살찌는 체질이라니.' 안 닮았으면 하는 부분은 꼭 닮아있다. 일을 한다는 핑계로 과자나 음료수 등을 가리지 않았더니 아이의 체중은 평균 이상이 돼버렸다. 조급한 마음에 성장 발달 검사를 부랴부랴 예약했다. 10살 생일 전에 처방을 받으면 보험 처리가 되는 까닭에 아이의 주변 친구들은 병원 순례 중이었다. 정신을 놓은 탓에 가려고 했던 병원은 올해 접수 마감이 끝나서 옆 동네로 향했다. 최대한 빠른 일자로 예약을 했고 검사 전에 의사 선생님의 진료실로 향했다.

"살이 많이 쪘네요! 성조숙증 검사는 해야 하지만 그전에 살을 좀 빼죠. 달콤한 간식 주지 마세요. 과자, 음료수 금지! 고기도 지방 없는 것으로요. 3킬로 감량 우선해 봅시다!"

예상은 했었는데 선생님의 단호한 목소리를 들으니 느슨했던 마음이 번쩍 뜨인다.

'아 맞아. 둘째는 진작에 살을 뺐어야 했는데, 이것저것 너무 먹였구나.'

로켓 배송으로 과자와 음료를 상자째 주문했던 무수한 지난밤들이 떠올라서 마음이 무거웠다.

"그래! 잘 됐어. 이참에 우리 탄수화물과 밀가루 줄여보자."

아이도 나도 살이 찌니 자꾸만 펑퍼짐한 티셔츠에 고무줄 바지를 입고 있었다. 나의 패션이 망가지기 시작한 건 고무줄 바지에 입문했을 때부터였다. 서른이 되었을 때 친구가 고무줄이 들어간 밴딩 바지를 입은 걸 보고 "이런 게 있어?" 신기해하며 호기심에 구매한 게 지금의 살찐 몸매에 큰 몫을 했다. 지퍼가 있는 청바지와 몸에 붙는 블라우스 등을 서서히 안 입게 됐고, 그렇게 점점 크고 편한 옷으로 바꿔 입게 됐다. 마법의 고무줄 바지를 몰랐다면 이렇게까지 살찌는 걸 막을 수 있었을까? 늘어난 뱃살을 한결같이 편안하게 감싸주며, 과식하고 자책하는 마음의 여지를 주지 않는 사려 깊은 고무줄 바지야말로 배려의 아이콘 아닌가!

그 따사로운 마음씨와 바꾼 건 퉁퉁해진 몸매였어. 10살밖에 안 되는 둘째 딸아이는 벌써 따스한 고무줄 바지의 매력에 빠졌다.

"그런데… 이건 뭔가 잘못됐어! 벌써 고무줄 바지에 매력에 빠지면 곤란한데!"

아이의 체중 감량을 위해 과자, 젤리, 음료수 등 그동안 맘껏 먹었던 간식을 모두 끊었다.

고구마와 감자 등을 찌고, 오이 당근 등을 식탁 위 간식으로 조금만 올려놓았다.

"우리 잘해보자. 이번 한 주 동안 네가 건강한 식단 약속을 잘 지키면 엄마가 주말에는 이쁜 원피스랑 옷을 한 벌씩 사줄 거야! 어때?"

먹성이 좋은 둘째가 한참을 생각하더니 "좋아요. 한번 해볼게요." 진지한 표정으로 대답했다.

첫날은 좀 힘들었지만 천천히 적응해 가는 듯했고, 자기 전에는 윗몸일으키기 50회를 하면서 뱃살 감량을 노렸다. 일주일 동안 생각보다 수월하게 다이어트 간식을 지켜낸 아이가 기특했다. 주말 저녁, 설거지하는 내게 살며시 다가와서 귓속말을 했다.

"엄마. 편한 옷 말고 이쁜 원피스 나도 입고 싶어요. 언제 주문해요?"

'사려 깊은 고무줄 바지야 안녕.'

둘째 아이는 나를 닮아 조금만 먹어도 찌는 체질이다.

10살 생일 전에 성장 검사를 예약했다.

살이 많이 쪘네요! 검사 전에 살을 빼죠. 3키로 감량하고 오세요.

일한다고 이것저것 먹였더니 살이 훌쩍 쪘네. 다이어트 해야겠다.

뱃살을 편안하게 감싸주며 과식해도 자책하는 마음의 여지를 주지않는 배려의 아이콘인 고무줄 바지!

걱정 말고 맘껏먹어!

아뿔싸! 10살 아이는 벌써 고무줄 바지의 매력에 빠졌어.

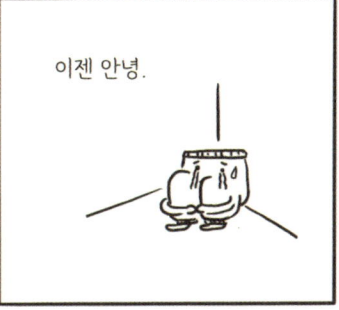

02

가성비 마음

"이번에 새로 나온 고르곤졸라 냉동 피자가 너무 괜찮더라."
"거기 맛있다는 얘기 들었는데 나도 다음엔 주문해 봐야지."
"오! 나도 담아놔야겠다."

유명 브랜드 회사에서 새롭게 출시한 냉동 피자에 대한 수다 삼매경에 엄마들은 빠졌다.
아이들 수업을 기다리는 시간에 엄마들의 짬 시간 대화는 늘 꿀팁 정보가 넘쳐난다.
"밖에서 외식할 때 고르곤졸라 피자 시키면 너무 아깝더라."
"포장하면서 치즈 추가해도 아까운 건 마찬가지야. 토르

티야에 치즈 좀 뿌려서 꿀 발라 먹으면 되는데 우리 애는 그렇게 시켜달라고 조른다니까."

아이들을 키우게 되면서 무언가를 할 때 가성비를 더 따지게 되는 것 같다. 결혼 전에는 고르곤졸라 피자와 토마토 스파게티를 먹기 위해 근사한 레스토랑을 종종 찾아다니곤 했다. 가성비를 생각하기 전에 내 마음이 원하는 것이 더 중요했다. 분위기 있는 카페, 내가 사고 싶은 것이 있을 때 주저하지 않고 가거나 구매했다. 한창 많은 약속으로 분주했던 20대의 나는, 비 오는 날도 어김없이 외출 준비 중이었다. 둘째 언니는 아기였던 조카를 보는 시간이 힘들었던지 친정에 자주 왔다.

"오늘도 약속 있어? 오늘은 뭐 먹니?"

"나 오늘은 비 와서 친구들이랑 어묵탕에 소주 먹으러 간다!"

"그래? 어묵탕? 만 원이면 내가 한 솥도 끓여줄 수 있는데…"

그때는 그 말이 너무 웃겨서 언니가 만 원으로 어묵 뷔페

차려줘서 친구들과 나눠 먹는 상상을 했었다.

지금의 나는 토마토 스파게티는 무조건 소스를 구매해서 집에서 만들어 먹는 가성비를 따지는 주부가 됐다. 고르곤졸라 피자도 직접 만들어 먹는다. 아몬드 슬라이스를 구매해서 토르티야 위에 꿀을 바르고 알뜰하게 뿌린 뒤 남은 것은 소분해서 냉동실에 보관한다.

"난 극장 갈 때도 웬만한 영화 보는 건 싫더라. 터지고 부서지고 규모가 커서 돈이 아주 많이 들어간 영화를 볼 때 좀 흡족해지더라고."

"어 나도 그래. 말랑말랑한 로맨스 영화 보기는 싫어. 그런 거는 넷플릭스 보면 되니까 극장 가서 보면 아까워."

엄마들의 가성비 대화는 끝없이 이어졌다. '나'만 생각했던 결혼 전의 생활과 '우리 가족'을 신경 써야 하는 주부의 삶과는 상반됐다. 만들기 어려운 요리를 시도하면 에너지 소진이 너무 많고, 한가득 쌓인 설거지에 압도돼서 다른 집안일을 하기 힘들었다. 여러 가사로 신경 쓸 게 많은 피곤한 엄마의 삶에서는 가격 대비 성능의 비율을 찾을 수밖에 없다. 그렇게 가성비를 따지게 되는 주부의 내공은 시간이 지날수록 점차 쌓여갔다. 오늘은 평소보다 일찍 퇴근한 남편이 오랜만에 외식하자고 전화했다.

"뭐 먹으러 갈까?"
"음…. 내가 하기 힘든 거로 먹자. 식초 물에 깨끗하게 씻은 미나리랑 쪽파를 송송 썰어서 갖은양념으로 버무린 꼬막무침이나, 바싹 구운 고등어 직화구이같이 집에서는 꿈도 못 꾸는 메뉴로 말이야."

나만 생각했던 결혼 전과
지금은 너무 달라.
물건 하나를 사도
가성비를 따지게 됐어.

이게 더 잘쓰겠지?

알뜰히 절약하고 나보단
가족을 생각하지.

애들 신발 낡았네.
새로 사줘야겠다.
띠링

지금 퇴근해.
오늘 외식하자.
어디 갈까?

내가 직접 하기 힘든
집에서는 꿈도 못 꾸는
메뉴로 먹자!

03

어쩌면
바람 같은 인연

　얼마 전 핸드폰이 생긴 둘째 아이는 카톡을 보내거나 통화하고 싶어 했다. 수시로 나에게 영상통화를 하고 좋아하는 그림 사진 등을 모아서 보내곤 했다. 아이의 핸드폰 통화 기록을 보는데 답변 없는 친구에게 그림 사진을 30장이 넘게 보냈다.
　"너는 왜 아무 답도 없는데 사진을 계속 보내니?"
　"아…. 엄마, 너무 보내고 싶어서 그냥 보냈는데요?"

　남의 시선을 아랑곳하지 않는 해맑은 모습에 눈살이 찌

푸려졌다.

"누군가가 너에게 네가 가진 그림 사진 이쁜데 나도 갖고 싶어."라는 말을 들을 때 보내주면 되는 거야. 상대가 원하지 않을 때 계속해서 혼자 떠드는 건 무례하게 느낄 수 있거든. 네 마음이 순수해도 남들은 너를 그렇게 생각하지 않아.

아이는 놀이터에서 노는 친구들은 여럿 있지만, 아직 단짝 친구가 없다.

"엄마, 앞자리 친구랑 놀고 싶었는데, 쉬는 시간 보니까 자리에 없더라고요. 속상해."

"그래서 뭐 했는데?"

"이번 주에 전학 가는 친구랑 보드게임하고 놀았어요."

"친구랑 놀고 싶으면 좀 빨리 움직여서 얘기하고 놀지 그랬어. 그리고 그 친구는 전학 간다며? 반에서 계속 볼 수 있는 친구랑 놀아도 되잖아. 그러면서 뭐가 또 속상하다고 그러니?"

"속상해."란 말에 발끈한 나의 목소리에 눈물이 터진 아이는 훌쩍이며 수영 강습을 받으러 갔다. 아이를 데려다주고 집으로 오는 길 괜스레 아이를 울린 것 같아서 마음이 무거웠다. "오늘부터 우린 영원한 친구야."라고 해서 정말 영원한 관계일 수 있을까? "오늘 꼭 너의 단짝과 재밌게 놀아야지."란 말보다 "오늘은 네가 즐거운 친구와 놀아. 그게 전학 가는 친구건 누구건 상관없지." 아이의 마음을 헤아려주지 못하는 헛똑똑이 어른인 내 모습이 부끄러웠다. 아이 마음이 가는 대로 이런 친구도 만나보고, 저런 친구도 만나봐야 하는 건데 내 기준으로 아이를 만드는 것 같았다. 내일 전학 가는 친구와 놀면 뭐가 어때서? 오늘 친구와 함께해서 행복했다면 그것으로 잘 보냈으면 됐지. 지금 네가 즐거우면 된 거야. 친구 관계가 늘 영원하다고 생각하지만 1년이 갈지, 5년이 갈지는 모르는 거야. 어쩌면 인연이란 것은 바람 같은 거다. 있다가도 없어지고, 잔잔한 가운데 한순간에 다가오는 바람에게 '영원히 내 옆에 있으렴.' 할 수 없는 것처럼 말이다. 사람을 대하는 것은 가벼운 마음으로 봐줘야겠다.

그러니 지금 친구가 많은 이를 부러워할 필요도, 외톨이인 친구를 걱정할 필요도 없는 거다.

무엇보다, 친구에게서 받는 따뜻한 우정의 감정을 느끼기 전에 부모에게 받은 기본적인 신뢰와 사랑이 필요하다. 그런 마음 없이 어른이 된다면 크고 작은 신경 질환과 결핍에 시달리게 된다는 것을 망각하고 있었다.

부모에게 "너를 사랑하는 마음은 변하지 않아. 오늘 네가 즐거웠으면 그것으로 충분해."라는 속 깊은 응원이 아이에게는 필요했다. 친구라는 게 "영원하자!"라고 외친다고 되는 것도 아니고, 각자의 상황과 여건에 따라 달라지는 관계라는 걸…. 어쩌면 그게 자연스러운 것을 잊고 있었다. 시절 인연으로 끝난 무수한 인연이 떠올랐다. 깊어진 밤 아이 옆에 슬며시 누웠다.

"아까 엄마가 얘기한 거 속상했지? 엄마가 네 마음을 이해했어야 했는데…. 미안해. 전학 가는 친구 얘기도 어른답지 못한 말이었어. 너한테 말하고 나서 생각할수록 부끄럽더라고."

미안하다는 말에 아이는 속상한 감정이 떠올라 주룩주룩 눈물을 훔쳤다. 흐느껴 우는 아이를 달랬다. "너의 존재만으로 엄마는 정말 고맙고 소중해. 네가 좋으면 나도 좋아! 그게 뭐든지." 아이의 두 손을 꼭 잡고 함께 도란도란 얘기하며 잠이 들었다. 인연을 맺은 관계가 얼마나 갈 수 있을지 나도 모르는데, 내 맘대로 되지 않는 관계를 "너는 이렇게 해야지!"란 말로 표현하는 것보다 더 어리석은 게 있을까? 오늘은 흘러간 인연 생각에 울적해진 나의 마음을 다독이며 잠이 들었다.

'어른의 삶은 얼룩덜룩해. 기분을 잘 다스리면서 오늘 내가 만나는 인연과 주어진 시간을 즐겁게 보내려는 노력이 필요하거든.'

04

인생의 좋은 때는
언제일까?

둘째 아이는 등굣길에 1학년이 된 이웃 동생을 만났다.

"동생아 너처럼 1학년 때는 천국이야. 한마디로 좋을 때지. 너무 좋은 때니까 지금을 즐겨야 해."

동생이 갸웃거리며 말했다.

"그래? 언니 2학년이 되면 어떻게 되는데?"

크게 한숨을 내쉬며 아이가 대답했다.

"2학년은 학원이 시작되는 시기라 천국과 지옥의 중간이거든. 3학년은 말도 못 해. 과목도 많아지고 수업도 늦게 끝나. 지옥 시작이야."

동생의 눈은 휘둥그레지며 아이 말에 집중했다.

"4학년은?"
"4학년은 본격적으로 지옥에서 벌 받는 느낌이지. 학교에서도 늦게 끝나고 학원은 더 늘어나. 5학년은 숨 막히는 불지옥이야. 학교며 학원이며 숨 쉴 틈이 없으니까!"

초등학교 3학년의 아이는 자신의 마음을 대변한 일장 연설 중이었다. 10살이 되면 학원에 안 다니는 아이가 한 명도 없을 정도로 각자 듣는 수업이 있다. 초등학교 때 어떤 학원도 다니지 않았던 나와 비교하면 요즘 아이들은 버거운 일정을 소화하고 있는 게 분명하다. 아이의 좋은 때가 그 어떤 스트레스 없는 상황이라면, 태어나서 편하게만 누워있던 갓난아기 시절일 것이다.

인생의 좋은 때란 언제일까? 어쩌면 '좋은 때'라는 것은 그 좋았던 시간이 다 지나서야 깨닫게 되는 감정 아닐까. 나에게 무조건 헌신했던 그 사람과 헤어지고 나서야 '아. 참 좋은 사람이었지. 그만한 사람이 없어.'라고 알게 되는 것처럼 말이다. 동네에서 알게 된 친구가 있었는데 시간이 지날수록 마음이 편해서 서로 가깝게 지냈다. 아이들 등교시키고 산책하고, 새로운 동네 맛집이 생기면 함께 탐방을 나갔고, 남편과 아이들 얘기로 시간 가는 줄 모르게 하루를 보내곤 했다. 햄버거빵 만드는 재료를 직접 사 와서 알뜰하게 요리했다. 아이들을 모두 모아서 공원에서 돗자리를 펴서 햄버거 파티를 하며 즐거운 시간을 보냈다. 그런 친구가 먼 지역으로 이사하게 됐다. 그렇게 헤어지고 나서야 혼자서 덩그러니 창밖을 보면서 '아 그때 참 즐거웠어. 많이 웃었지.'란 생각을 하게 됐다.

결혼하고 아이들을 키우는 생활에 익숙해진 나는 독신의 삶을 자유롭게 즐기는 사람을 볼 때면 "좋을 때야."란 생각에 잠기곤 했다. 그 시절을 보내고 주부의 삶이 되면서 혼자만의 여행은 꿈도 못 꾸게 됐다. 그런 시간이 지나서야 비로소 '그때의 자유는 소중해!'라는 것을 실감했다. 나의 젊은 날에는 '좋은 때'의 즐거움을 온전히 만끽하지 못했었는데 말이다. 나이가 들어갈수록 내가 설 자리가 자꾸만 줄어드는 것 같아 자신감이 없어지곤 했다. 그럴 때면, 내가 할 수 있는 작은 어떤 것도 시도하기 힘들었다. 중년의 마음이 자꾸만 불안해지면, 나보다 나이가 지긋하신 분들의 조언이 듣고 싶을 때가 있었다. 놀이터에서 나보다 인생을 더 많이 보내신 자주 보는 어르신들에게 아이처럼 물어보곤 했다.

"지금 이대로 오십 살이 되면 얼마나 두려울지 상상이 안 돼요. 지금까지 지내오시면서 후회되는 게 있으세요?"

어르신은 굽은 허리를 펴고 바른 자세로 앉아 웃으며 말했다.

"오십도 너무 젊은데? 연아 엄마 정도라면 난 돌멩이도 씹을 거야. 시간은 강물처럼 빠르게 흘러가는데 어영부영 흘려보낸 게 좀 후회되지. 그땐 그게 최선인 줄 알았거든. 이 나이 되면 정말 외로워져."

그 조언을 듣고 마음의 준비를 단단히 한다고 해도, 나에게 닥치는 외로움을 피할 수 있을까.

자신이 직접 그 상황을 겪어보지 않으면 한 번뿐인 인생에 이게 좋은 일인지 아쉬운 일인지 알 수 없는 것처럼 말이다. 하루하루 막막함이 수북이 쌓여갈 때 나보다 삶의 연륜이 있는 분에게 위로를 받고 싶었다. 어르신들의 눈에는 나는 아직 젊어서 기회가 많다는 이야기를 들으니 초조함이 덜해졌다. 어쩌면 흔들리는 중년에 불안해지는 내가 듣고 싶었던 것은 "지금도 괜찮아."라는 말일지도 모른다.

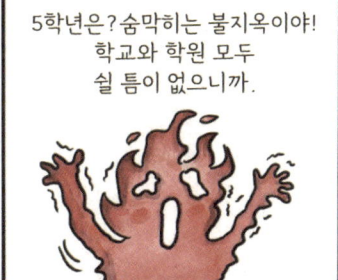

아이들의 좋은 때가
스트레스가 없는 때라면
갓난아기 시절 일지도 모른다.

어쩌면 인생의 좋은 때는
좋은 시간이 다 지나고
느끼는 감정이 아닐까.

오랜 시간
주부로 지내온 나는

독신의 삶을
즐기는 사람을 볼 때면
'좋을 때야.'란 생각을 했다.

나이가 들어갈수록 내가
설 자리가 자꾸만 줄어들었다.

마음이 불안할 때면 나보다
더 많은 인생을 보내신 분들의
조언이 듣고 싶었다.

"오십? 오십은 너무 한창때야!"

"전 오십이 되는 게 두려워요."

"시간이 강물처럼 빨리 가는데 어영부영 흘려보내는 게 후회돼."

"내 나이 즈음 되면 정말 외로워져."

조언을 듣고 마음의 준비를 단단히 한다고 해도 나에게 닥치는 외로움을 피할 수 있을까.

중년에 자꾸만 불안해지는 나에게 필요한 말은

"지금도 괜찮아."

05

오늘도
눈치 없는 너에게

남편의 동창 가족 모임에 다녀왔다.

아이를 키우는 친구들과 곧 돌이 되는 아기가 있는 친구와 얼마 전 늦깎이 결혼을 한 부부 동반 모임이었다. 최근에 결혼한 친구는 말했다.

"우린 아이 없이 살자고 했는데, 막상 결혼하니 아이가 너무 갖고 싶은 거 있지. 시험관도 도전해 보는데 생각보다 잘 안 돼."

실망감이 깃든 이야기에 깊은 한숨이 이어졌다. 옆자리에 유모차를 탄 아기를 바라보는 눈빛이 촉촉했다. 갓 돌이 된 아이의 미소가 너무 귀여워서 나도 눈을 뗄 수 없었다. 한 살이 되는 아기를 바라보는데 그 미소를 보고 아이들이 너 나 할 것 없이 말을 했다.

"엄마, 아기가 너무 귀여워요. 나보고 웃나 봐."
"아니야. 오빠를 보고 좋아서 웃는 거야."

아이들도 해맑은 아기의 미소에 빠져들었다. 일찍 결혼해서 아들이 군대에 간 친구는 이 모든 걸 보고 한마디 거들었다.

"야. 꼬물이 언제 키울래?"

친구의 그 말에 다들 키득거렸다. 우리는 결혼을 늦게 해서 30대 중반을 향할 무렵 큰아이가 태어났다. 남편의 주변 지인들은 다들 일찍 결혼해서 자녀들의 나이가 초등학교 고학년이 대다수였고, 그 시기에 우리는 친구들에 비해 결혼과 출산이 많이 늦은 편이었다. 큰아이 돌잔치 때 일찍 결혼한 친구들이 돌잡이 구경을 하기 위해 앞자리에 모였다.

"아기가 너무 귀엽지? 아이고…. 넌 언제 키울래?"

이미 우리 나이가 많은 것도 알고 있어서 '언제 키울래.' 하는 농담조로 던진 친구의 말에 반감을 갖게 됐다. "이 과정을 먼저 겪어본 나의 현명함과 지혜가 너보다 한수 위야."란 속내가 있어서일지도 모른다.

'언제 키운다니, 그런 말은 참 무례한 거 아니야. 어차피 늦게 낳은 거 친구가 누구보다 더 잘 알고 있는데 눈치 없이 그런 말을 하는 거 싫다.'

불편한 자리에서는 혼잣말이 자꾸만 늘어간다. 아이를 키우면서 불편함을 주는 말은 많다.

"아이 키우는 거 얼마나 힘든데 정신적인 소모는 이루 말할 수 없어. 너처럼 무자식 상팔자가 최고인 것 같아."

"이렇게 누워있는 아기 키울 때가 편해. 더 커봐라. 말도 안 듣고 하고 싶은 대로 해서 얼마나 말썽인데!"

자신이 아는 것이 전부인 것처럼 말하는 태도는 상대에게 멋쩍은 민망함과 불쾌함을 주는 것이 분명했다.

나는 결혼하고 아이를 한 명만 낳을 계획이었다. '한 명만 잘 키우면 되지.'라고 생각했는데 아이가 돌이 지났을 때 마음이 조금씩 바뀌기 시작했다. 놀이터에 나가면 형제가 있는 아이들이 너무 부러웠다. 서로 챙기는 모습이 좋아 보였고, 혼자서 덩그러니 있는 아이가 외롭게 느껴졌다. 아이가 3살 되던 해에 남편에게 말했다.

"준이 동생 한 명만 더 낳자. 놀이터 가면 혼자라 짠하더라. 집에 와서도 같이 놀 수 있는 동생 있으면 좋잖아."

남편은 처음부터 자녀 두 명을 원했기에 우리의 마음이 같으면 모든 일이 일사천리로 될 줄 알았다. 그러나 몇 달이 지나도 생각처럼 임신이 되지 않아서 마음이 초조했다. 나이가 점점 들어가는데 더 늦어지면 시도하지 못할 것 같아서 결국 병원을 찾았다.

"두 분 다 아무 문제는 없는데요. 그냥 마음을 편하게 가지세요."

원하는 것이 선명해질수록 편안한 마음을 갖기가 어렵다. 병원에서 임신 가능일을 알려주는 검사도 여러 번 해봤지만, 시간이 갈수록 기다림에 지쳐갔다.

"내년이 되면 임신 준비는 난 힘들어서 못 할 것 같아. 나이도 너무 많잖아. 아무래도 둘째 안 되겠어. 그냥 우리 한 명만 잘 키우자."

예상했던 시간이 지나자 무거워진 마음에 남편에게 말했다. 실망한 남편도 내 의견에 동의했다. 놀이터에 형제들이 많은 아이를 보면 의기소침해졌고 속상한 마음이 이어졌다.

임신에 대한 실망감으로 가득 찬 마음은 다른 전념할 곳이 필요했다.

"운동하자!"

집 근처 복싱 센터가 있었는데, 아침마다 주부들이 모여서 신나는 음악에 맞춰 춤을 추고 복싱을 하는 곳이었다. 매일 2시간씩 하는 운동 시간이 나의 속상한 마음을 조금씩 위로해 주었고, 운동하고 땀으로 흠뻑 젖은 기쁨은 이루 말할 수가 없었다. 아이를 낳고 불었던 15킬로 몸무게가 조금씩 움직이기 시작했다. 운동이 힘들지만 재밌어서 식단도 자연스럽게 하게 됐다. 한 달 만에 7킬로 감량! 우와! 나도 해냈다. 성실하게 운동도 열심히 러닝도 매일 한 시간씩 더 하다 보니 살 빠지는 게 탄력이 붙기 시작했다. 그렇게 나의 일상 속 운동은 늘 웃음을 주었다. 살 빠지고 열심히 복싱 연습을 하는 나를 보며 관장님이 말했다.

"너무 열심히 잘하고 있어요! 꼬망님 아마추어 복싱대회

어때요? 센터에서 6개월 정도 아마추어 대회에 신입으로 준비해서 나갈래요? 이런 식이라면 충분히 도전할 수 있겠어요!"

'와! 아마추어 대회라니 생각만 해도 너무 신나는데?'

관장님께 너무 좋다고 연신 대답한 그날 밤 너무 설레어서 잠이 오지 않았다. 다음 주에는 새로운 땀복과 전문 글러브를 구매해야 한다고 생각했다. 주말이 지나고 몸 상태가 급격히 안 좋았다. 운동을 빠지는 날이 없었는데 몸을 가눌 수 없어서 못 가게 됐다. 잠을 자도 자도 쏟아지고 멍한 기분이 계속돼서 달력을 확인했다. 배가 아프고 통증으로 인한 고통이 계속 돼서 산부인과로 달려갔다.

"임신이에요. 축하합니다. 5주 됐어요."
"네?? 정말이요?"

믿어지지 않았다. 둘째를 간절히 원했던 눈물로 보낸 무수한 날들이 떠올랐다. 내가 원한다고 다 가질 수 없는 게 인생이라지만, 나에게도 가슴앓이하며 기다렸던 아기라서 마음이 벅차올랐다. 둘째 임신으로 인해서 7킬로 빠진 살이 20킬로 다시 불었고, 아마추어 대회 도전은 정처 없이 미룬 채 운동센터는 그만두게 됐다. 그런 과정에서 겪은 맘고생 탓인지, 아이를 갖고 싶은 사람과 늦게 출산한 사람들에게 나의 말을 아끼게 됐다. 직접 겪어본 일일수록 상대에게 본인 방식의 조언으로 떠드는 게 얼마나 큰 상처를 줄 수 있다는 걸 깨닫게 됐다.

어쩌면 경험의 조언이 아닌, 친구의 상심을 귀담아들어 주는 다정함이 필요한 게 아닐까?

"아기가 너무 귀엽다. 미소가 달콤한 사탕처럼 살살 녹겠는데?"

"아기가 갖고 싶지. 나도 그랬어. 이상하게 임신이 내 맘대로 되진 않더라고. 임신이 안 돼서 속상했을 때, 그 마음을 잊기 위해서 운동을 시작했거든. 그때 선물처럼 둘째가 찾아왔어."

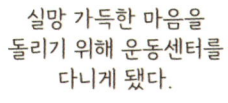

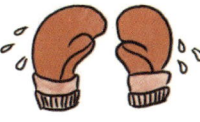

06

마음의 노화

동네 엄마들이 카페에 모였다.

"그 엄마 일하는 것 같더라?"
"어쩐지 매일 헐렁한 티셔츠만 입었는데 요즘은 정장 차려 입고 화장도 화사하던데?"
"우와! 부럽다! 우린 언제쯤 할 수 있을까…?"

종종 만나던 아이 친구 엄마가 취업해서 오늘 모임의 주제로 떠올랐다. 그녀의 바쁜 일상이 언급되자 너도, 나도 한 마디씩 덧붙였다.

"일해서 애들 학원 하나씩 더 넣었나 보네?"

아이들을 학원 일정을 추가한 게 은근히 부러움 섞인 목소리다. 엄마들이 모임 주제는 무료한 일상에 대한 사소한 푸념이 대부분이다. 물론 마음을 나눌 수 있는 소수의 친구가 생길 순 있지만, 그 역시도 극히 드문 일이다. 그런 반복적인 가십거리를 나누면서, 점점 모임에 흥미를 잃어갈 때가 많았다. 내 일상이 흥미롭지 않을 때 남의 인생이 점점 더 선명하게 보이곤 한다. 둘째 언니는 조카가 세 살 되던 해에 새롭게 일을 시작했는데, 당시에 이런 말을 했다.

"엄마들하고 매일 부침개를 만들어 먹으면서 만났거든. 그런데 어느 순간 똑같은 시댁 얘기와 남편 이야기들이 재미가 없어지더라. 매일 음식도 만들어 먹고 다 좋은데… 함께 할수록 난 일하고 싶더라고."

그때 나는 20대여서 언니의 그 말이 와닿지 않았었다. "아…. 엄마들은 모여서 부침개를 만들어 먹는구나." 하며 그 상황을 웃어넘겼는데, 10년 넘게 주부 생활을 하다 보니 그 말이 무슨 뜻인지 곱씹게 됐다. 어떤 모임에서 이야기의 흥미를 못 느끼면 그 관계는 겉돌고 만다. 표면적으로는 웃고 있지만, 켜켜이 쌓여가는 피로감으로 인해서 점차 만남이 줄어들었다. 혼자 보내는 하루가 쓸쓸할 날도 있다. 하지만 겉도는 이야기로 마음의 공허함을 채우는 것보다 홀로 커피를 내리는 이 아침의 시간이 편안하게 느껴진다. 삶의 순간순간마다 나를 중심으로 한 재미와 기쁨을 발견할 수 있어야 한다. 그 시간을 찾지 못하면 남의 인생을 신경 쓰느라 너무 많은 에너지를 소모하게 된다. 마음의 노화가 진행되기 전에 먼저 나의 마음을 채워줘야 하지 않을까?

07

자꾸만 토마토가
되라고 하는 너에게

오랜만에 친구와 만나 인기 메뉴인 브런치 샐러드 세트를 시켰다.

"회사에서는 자꾸만 토마토가 되라고 하는데 나는 있는 듯 없는 듯 존재감 없는 버섯이 좋거든. 눈에 띄는 빨간색 빛을 반짝이는 토마토가 되라고 하니까 부담스러워."
"그래? 난 늘 반짝이는 토마토가 되고 싶었는데…"

반짝이는 오일 드레싱에 금가루를 뿌린 듯 화사한 토마

토를 포크로 만지작거리며 친구는 말했다.

"회사에서는 더 주목받은 태도로 임해야 무엇을 해도 더 성과가 느껴질 수 있잖아. 토마토는 내 성격과 맞지 않아서 좀 힘드네."

무엇을 하든 반짝이는 토마토의 삶을 늘 선망했다. 어디서나 눈에 띄는 화려한 토마토의 삶이 되어야만 내가 인정받는 것으로 생각했다. 교외 체육행사에 나가고 싶다고 큰아이가 말했다.

"엄마, 이번에 학교에서 운동 잘하는 얘들 뽑아서 경기도 한대요. 저는 지원해 보고 싶어요!"

하고 싶다는 것을 있는 그대로 수용해 줄 수도 있는데, 나는 큰아이의 운동신경이 어떤지를 잘 알고 있었다.

'토마토가 아니어도 괜찮을까?'

존재감 없는 버섯이 아이의 삶의 방식이어도 그 자체로 괜찮은 건데, 난 빛이 나지 않는다는 이유로 줄곧 아이를 버겁게 해왔는지도 모른다.

"이번에도 체육대회 개인 예선에서 떨어졌어요. 경쟁자가 너무 많고 쟁쟁했어요."

자신의 삶 속에서 충실한 버섯이어도 괜찮은걸. 어쩌면 매일 똑같은 일상을 보내는 주부도 존재감 없는 버섯의 삶일지도 모른다. 같은 일이 반복되는 버섯의 일상도 그 자체로 의미가 있다. 하루하루를 함께 보내며, 조금씩 자신만의 방식으로 성장해 가는 아이들을 지켜보는 것만으로도 우리 각자의 토마토의 삶이 아닐까. 항상 그 자리에서 우직하게 자신을 지키고 있는 버섯을 보면서 생각에 잠겼다.

'의미가 없는 일은 없어. 타인이 평가하는 반짝임에 흔들리지 말고 나의 버섯에 최선을 다하는 하루가 되기를.'

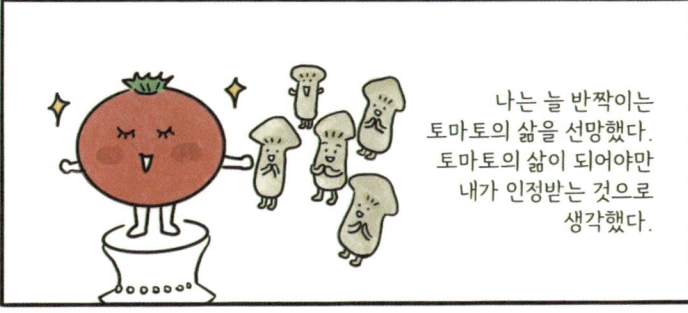

빛나지 않아도 괜찮아.
자신에 삶에 충실한 버섯의 인생을 응원해.

PART 4

김빠진 사이다 같은
너에게

01

존버의 세계

　무엇을 해도 안 되는 날이 있다. 수북이 쌓인 분리수거 상자를 한가득 담았는데 어설프게 닫힌 비닐 너머로 음식물 쓰레기 국물이 흘렀다. 엎친 데 덮친 격으로 풀어진 신발 끈 사이로 밑창에 쓸려 미끄러졌다. 분리수거 상자는 바닥에 여기저기 흩어졌고 흥건한 국물까지 쏟아졌다. 진행해 오던 외주 작업은 아무래도 작가를 바꿔야겠다고 통보해 버리고, 새로 만든 기획서는 진척이 없다. 지금의 상황에서 내가 할 수 있는 건 비난 섞인 한숨밖에 없었다. 어디서부터 잘못된 걸까. 무엇이 부족해서 그런 거냐고 곱씹었다. 노력 대비 어떤 결과도 내지 못하는 것 같아 현재의 모습에 조급해졌다. 하지만 지금 이런 상황에서 내가 할 수 있는 일이 없지 아니한가. 빛나는 작가가 되어 내가 받은 여러 가지 부당한 대우를 꼭 극복해 내리라고 결심하지만, 현실은 쭈그러진 귤처럼 보잘것없이 느껴져 의기소침해져 있었다. 내 맘같이 되질 않아서 울적해졌다. 그림책 작가로 활동하는 친구를 만났다. 내가 결혼과 육아로 그림을 오랜 시간 쉬었던 기간에도 공백 없이 그녀는 10년이 넘는 시간 동안 꾸준히 본인 작업을 해왔다.

"최대한 버티기가 답이야. 어차피 창작은 힘들어. 주변 상황에 흔들리지 않고 꾸준히 가는 것 생각보다 쉽지 않은 것 같아. 외로운 시간을 견디는 게 최대한 버티기의 조건 중 하나야."

일러스트레이터로 활동했던 나는 창작에 대한 갈증이 있었다. 유행에 맞게 다양한 스타일을 자유자재로 구사할 수 있는 일러스트레이터보다는 오롯한 나의 글과 그림의 창작물을 제작하고 싶었다. 그렇게 시작된 창작의 장벽은 높았다. 작업하면서 일의 진척이 안 되었을 때 쉽게 좌절했다. 그때의 나는 기대만큼 일이 안 풀리면 안 되는 이유 10가지를 굳이 찾으며, 이런 것들이 타당한 위안이라고 여겼다. 머릿속이 복잡하면 나에 대한 불신과 자기 연민이 더 깊어졌다. 내가 중심을 잃고 허우적거릴 때 누구의 말대로 '너무 어려운 길을 선택한 걸까.'란 고민이 들었다. '난 재능이 없나 봐.'라는 핑계만큼 비굴해지는 것도 없다. 그런데 재능이라도 핑계를 대야만 지금의 내 마음 밑천이 좀 나아질 것 같다. '남들 같은 그림' '남들처럼 잘 쓰는 글' 그 어디에도 자신이 없다. 어떻게 해야지 이런 답답한 마음을 잘 쓸어 담고 시작할 수 있을까. 재능이 없어도 성실하면 될 거라는 막연한 기대를 품던 시절이 있었다.

'넌 안될 거야.' '그림에 재능이 없는데.'라는 수없이 많은 얘기를 듣고 버틸 수 있는 강한 정신력이 되길 바라는 것보다 현재 나의 상황을 덤덤히 인정하고 그 자리의 상념의 먼지를 털고 다시 걸어가는 것이 필요하다. 마음이 복잡하고 생각이 많아질 때 그 상황에서 빠져나오지 않으면 불안의 심연 속에 가라앉는다. 오랜 시간 그림을 못 그렸던 이유도 생각이 너무 많아져서일 거다. 중년의 나이가 된 나는 더 이상 주어진 시간을 헛되게 쓰고 싶지 않았다.

머릿속이 복잡할 때는 몸을 움직여야 한다. 뒤섞여진 마음을 헹구고 싶다. 근처 뒷산을 산책하고 왔더니 한결 기분이 나아졌다. 헬스장에 가서 한 시간 러닝머신으로 땀을 흠뻑 쏟으니 개운한 마음이 든다. 다시 뭐라도 시작할 수 있을 것 같다.

이제는 꺾이는 슬픔에 오래 매몰되고 싶지 않다. 계절이 바뀌는 현재의 공기에 머물고 싶다.

창문을 여니 나뭇잎 소리를 닮은 바람이 불었다. 가을 향이 가득한 푸른빛 하늘에 와락 안기고 싶다. 이제 다시 작업할 시간이다.

02

그 시절 인연

끝나지 않을 것 같은 불볕더위가 며칠간의 장대비로 사라졌다. 화창한 파란 하늘을 보니 성큼 다가온 가을이 느껴졌다. 비 갠 하늘에 청량감을 주는 바람이 찾아올 때면 생각나는 사람이 있다. 같은 계절과 날씨에 우리는 공원 산책을 종종 다니곤 했다. 친정 근처의 공원에 갈 때면 그 시절 그녀가 문득 떠올랐다. 학교 친구인 그녀는 그림을 참 잘 그렸다. 가끔 우수에 젖은 외로움의 눈빛이 있었지만, 그림에 대해서는 누구보다 뜨거운 열정과 재능을 가졌다. 졸업 후 집이 가까웠던 우리는 공원 벤치에서 자주 만났다. 캔맥주 하나씩을 들고 '우리의 20대 청춘'에 대한 많은 이야기를 나누었다. 반짝이는 재능이 빛났던 그녀의 그림은 나에게 부러움과 선망의 대상이었다. 그랬던 우리는 결혼과 육아를 하면서 조금씩 멀어졌다. 각자 사는 곳도 달라지고 그녀가 어학연수를 떠나게 되면서부터 연락이 닿지 않았고, 어느 순간 나의 전화를 받지 않았다. 한동안 핸드폰에 저장된 친구의 연락처를 보았다. 우리는 어떤 이유로 멀어졌을까 생각이 들었다.

'나의 어떤 행동이 불편했던 걸까.'
'무심코 던진 말에 실망했던 걸까.'

더 이상 전화를 받지 않는 그녀가 의아하다고 생각이 들지만, 정작 상대에게 나는 어떤 말 못 할 불편함을 줬을지도 모른다. 이 더위가 영원히 함께할 것 같아도 계절이 지나면 땀 흘린 기억이 흐릿해지듯, 오늘처럼 화창한 날씨도 한순간에 스쳐가는 너와 나의 시절 인연을 닮았다. 이렇게 산들바람이 불어오는 날이면, 우리의 추억이 깃든 공원 벤치에서 맥주캔 하나씩을 들고 막연한 미래에 관한 이야기를 왁자지껄 나누던 그 시절이 생각났다. 그녀의 전화번호에 오랜 시간 내 시선이 머물렀다.

  '작가의 꿈을 펼치고 싶었던 그 계절 우리의 시간을 기억해. 힘든 일은 좀 나아졌기를.
  언제나 너의 행복과 안녕을 빌어.'

학교 친구인 그녀는
긴 생머리에 그림을
참 잘그렸지.

동네에 살았던 우리는
종종 산책을 함께했다.

그림에 대한 넘치는
열정과 재능이
늘 부러웠어.

그녀가 어학연수를 가면서
연락은 점차 뜸해졌지.

어느 순간
나의 전화를 받지 않았어.

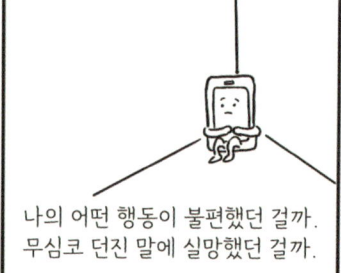

나의 어떤 행동이 불편했던 걸까.
무심코 던진 말에 실망했던 걸까.

작가의 꿈을 펼치고 싶었던
그 계절 우리의 시간을 기억해.

너의 오늘이 너무 아프지 않기를.
언제나 너의 평안을 빌어.

03

그리운 어린 시절의
아빠와 나

나에게 아버지는 무섭고 완고한 분이었다. 교육열이 높은 집안의 장남이었던 아빠는 공부만 하며 유년 시절을 보냈다. 아버지 집안에서는 학업의 결과로만 인정받을 수 있었다.

초등학교 2학년 때, 그날도 수학 시험을 많이 틀렸다. 시험지 사인해 오라는 데 집에 오는 길부터 가슴이 뛰어서 견딜 수가 없었다. 집에 도착하니 곧이어 아빠가 집으로 오셨다.

'시험지 사인받아오라고 했는데 지금 보여드려야 하나? 아니면 이따 보여드릴까? 어차피 혼날 텐데⋯. 에라 모르겠다

지금 보여드리자!!'

 나는 수학 시험지를 손에 꼭 쥐고 쥐구멍에 들어가는 작은 목소리로 말했다.

 "아빠…. 수학 시험 봤는데 부모님 사인받아오라고 하셨어요."
 정적이 흐르고 아빠는 말없이 한참을 시험지를 쳐다보셨다.

 "후유…"
 "커서 뭐가 될는지…."

 아빠의 깊은 한숨과 혼잣말에 주눅 들었다. 나는 늘 '인정'에 굶주렸다. 똑똑한 언니들 사이에서 완고한 아버지는 나를 인정해 주지 않았다. 엄밀히 말하면 인정을 못 느꼈다는 게 정답일지도 모르겠다. 나는 학업을 제외하고는 그 어떤 어려움도 느끼지 못했다. 놀이터에 나가면 나를 기다리는 친구들과 동생들이 가득했고 거기서의 대장 노릇은 기쁨을 주었다. 집 안에서는 앗싸, 밖에서는 늘 인싸였던 나는 특별한 행동을 하지 않아도 많은 친구가 따랐다. 그러나 놀이터에서 신나게 놀고 아빠가 계신 집으로 오면 급격히 말수가 줄었다. 어른이 되어가면서 이러한 '인정 욕구'로 인해 어려운 면들을 인식하기 시작했다. 늘 밖에 나가서 인정받는 사람이 되어야 한다는 생각들이 버거웠다. '뭐가 될는지.'란 혼잣말 대신 "너는 커서 뭐가 되고 싶니?"란 다정한 말이 늘 그리웠다. 요즘 큰아이가 기침감기가 잘 낫지 않았다. 옆에서 콜록콜록 기침 소리가 계속 나는데 학교에서도 그럴까 염려됐다.

"준이야. 오늘 학교 가서는 기침 너무 크게 하지 마. 옆 사람이 불편할 수 있으니까."
"엄마. 제가 기침을 참는다고 할 수 있는 게 아니에요. 자꾸만 목이 간지러워 기침이 자꾸만 나오는 걸 어떡해요. 제어가 안 되는걸…"

본인 생각을 정확히 표현하는 아이를 물끄러미 보고 있으면 어른들의 눈치 보느라 말 한마디 편하게 못 했던 어린 내 모습이 떠올랐다. 아이를 키우는 엄마가 되어보니 학업만이 전부였던 환경에서 자란 아빠의 행복하지 않은 유년 시절이 헤아려졌다. 어떤 즐거움 없이 보내는 아빠의 마음도 참 힘들었겠다. 아이들을 키우면서 나의 기분이 침울해져서 혼낼 때면 그 마음이 고스란히 전달됐다. 그때의 아빠도 어려운 현실이 힘드셨던 걸까? 창밖에 아이들이 등교한 모습을 보면서 혼잣말을 중얼거렸다.

'아빠 아까 그 한숨이요. 나한테 하는 거예요? 내가 한심했나요?'

아빠의 다정한 한마디가 그리워지는 날이다.

지금은 내 곁에 없는 당신이 참 그립습니다.

04

슬플 때면 글을 써요

"꼬망이는 생각을 잘 표현해서 글에 담았구나. 너무 잘했어."

초등학교 3학년 때 '빨간 구두'를 읽고 독후감 검사를 받았다. 글을 잘 쓴 아이에게는 선명하게 별 세 개의 표시와 '참 잘했어요.'란 도장이 찍혔다. 그 아래 선생님의 간단한 감상이 적혀있었다. 흔한 상장 한 번 받아보지 못했던 초등학교 시절의 나는 늘 칭찬에 목말랐다. 선생님의 독후감 평가를 받고서는 뛸 듯이 기뻤다. 나도 잘한다는 얘기를 어른에게 들으니 온 세상을 다 가진 것처럼 행복해서 웃음이 떠나질 않았다. 밤에 잠들 때도 그 칭찬이 너무 기뻐서 공책을 끌어안고

잠들었다.

어렸을 때는 빨간 구두 속 쓸쓸한 카렌의 죽음보다 세련되고 빛나는 빨간 구두를 신었던 카렌은 어떤 기분일지 궁금했다. 어른이 된 뒤로는 빨간 구두 속 카렌의 죽음이 지독하게 외로웠겠다는 생각을 했다. 그때의 카렌도 마음속 슬픔을 해결할 방법을 알았다면 그렇게 처참한 죽음을 맞이하지 않았을 텐데. 카렌이 어처구니없는 죽음을 맞이할 때 등대처럼 붙잡아 줄 수 있는 이가 없었다는 게 서글펐다. 나는 감정의 큰 파도가 휘몰아칠 때 늘 누군가가 필요했다. 나의 혐오스러운 감정을 마주할 때면 타인에게 확인받고 싶었고 불안을 해소하기를 원했다. 그런데 이상하게도 그런 마음으로 누구를 만나고 와도 마음속 공허함은 사라지지 않았다.

작년에 책 출간 작업을 하면서 나의 마음과 생각을 돌아보게 됐다. 나는 누군가의 위로로 마음속 공허가 채워지지 않는다는 것을 깨달았다. 그 마음을 인식한 후에는 슬프거나 마음이 힘들어질 때면 더욱 혼자 있는 시간을 가지려고 애쓴다. 내면의 슬픔이 밀려오면 나는 수첩을 펼쳐서 글을 쓴다. 흰 종이 안에 복잡한 감정을 그 어떤 가감 없이 넣는다. 수치심과 고독, 타인의 비난 등으로 들끓는 마음을 종이 한 장에 가득 채우면 부치지 못할 편지일지라도 가슴속 고독이 한결 가라앉는다. 그 시간을 통해서 점차 타인의 위로에 의지하지 않게 됐다. 마음의 그늘이 침잠되지 않도록 감정을 해결할 수 있는 지혜를 가져야 한다. 그래야만 슬프고 아픈 하루에 애정 어린 숨결을 갖게 된다.

잘린 발목으로 영원히 걸어야만 하는 두려움 가득한 카렌의 곁에 쪽빛 잿빛 구두가 절실했던 것처럼, 나에게도 위안을 받을 수 있는 글쓰기가 필요하다.

부치지 못할 편지라 해도
가슴속 고독이
한결 가라앉았다.

그런 시간이 쌓여갈수록
타인에게 기대지 않게 됐다.

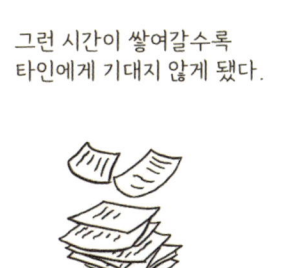

마음속 감정을
해결할 수 있는
지혜를 가져야 한다.

그래야만 슬프고 아픈 하루에
애정 어린 숨결을 갖게 된다.

카렌의 곁에
쪽빛 잿빛 구두가
필요했던 것처럼

위안을 받을 수 있는
글쓰기가 나에겐 필요해.

05

현재의 시간

"그 애가 우리 희연이를 또 때린 거 있지? 어찌나 화가 나던지! 애가 너무 순해서 걱정이야."
"어릴 때 그거 금방 지나가. 지나고 보면 별것도 아니거든."
"그래. 크면 그건 아무것도 아니지."

손녀 손자를 보는 어르신들이 모여서 아이들 이야기를 하는 중이었다. 큰아이는 1학년 때 조용하고 소심한 아이였다. 운동감각이 없어서 남자 친구들 사이에서 어울리기 힘들었다. 딱지치기나 팽이 등의 기술이 부족했던 아이는 멀찍이 떨어져서 집으로 돌아오기 일쑤였고, 조용히 집에서 다양한 종이접기를 하기 시작했다.

아이의 그런 성향을 알고 있었지만, 어떻게든 친구들과 어울리게 하고 싶었다.

내키지 않았지만, 축구팀 대표 엄마를 자청하며 팀을 꾸렸다.

축구 수업이 있는 날이면 같은 반 엄마들과 뒷자리에 앉아서 아이들 경기를 지켜봤다.

"아…. 준이! 너 패스 그렇게 하면 안 되지! 보고해 보고!!"
"아…. 답답하네! 너 빠져."

아무렇지 않은 척 웃고 있었지만, 마음에서 오는 분노와 실망감에 오랜 시간 빠져있었다.

학교에서도 아이들 사이에 치이는 것을 볼 때면 속상한 마음이 들었다. 그때의 나는 '아이에게 어울리는 친구 만들기'에 온 신경이 가 있었다. 하고 싶은 말을 친구들에게 표현하기 어려워하는 아이를 보기가 답답했다. 집에 오면 같이 적극적인 의사 표현 연습을 시켰고, 친구들에게 만만히 보이는 게 싫어서 학업을 더 열심히 시키기도 했다. 어른의 눈에는 지금 아이의 이 시간이 하나의 순간이 되겠지만, 아이에게 현재의 시간은 너무 길기에 하루하루 전전긍긍하며 성실하게 아이 옆에 머물렀다. 아이를 키우는데 필요한 것은 단단한 마음과 성실함이 아닐까. 지금 큰아이는 6학년이다. 그런 나의 노력 때문인지 아이의 성향은 많이 바뀌었다. 쉬는 시간이면 친구들과 운동장에 나가서 축구 활동을 좋아하는 아이가 됐다. 운동은 못 하지만 주눅 들지 않고 친구들과 함께 해보려는 시도를 많이 했다. 공개 수업을 마치고 오랜 친구 엄마와 즐겁게 만났다. 큰아이에 관한 이야기를 친구 엄마가 꺼냈다.

"지금 준이가 성향이 많이 바뀌었더라. 우리 1학년 때 번잡하게 시간 약속을 잡고 아이를 위해 고군분투하는 네가 위험해 보였어."

'운동을 못 하고 친구들에게 치이던 그때, 아이의 현재의 긴 시간을 버티기 위해서 내가 할 수 있는 최선이었지.'

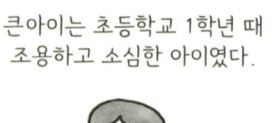

큰아이는 초등학교 1학년 때 조용하고 소심한 아이였다.

그런 아이를 보면 답답했다.

아이에게 적극적인 의사 표현을 시켰고

싫으면 싫다고 말하고

학업을 더 열심히 시키기도 했다.

어른의 눈에는 아이의 시간이 순간이 되겠지만

아이의 현재의 시간은

너무 길기에

06

나만을 위한
비밀의 방이 있나요?

"넌 결혼도 해서 남편도 있고 아이들도 있어서 외로울 틈이 없겠다. 퇴근하고 집에 오면 적막한 공기에 너무 외로워져. 그 시간에 연락할 사람도 없고 진짜 사무치게 눈물이 나더라."

결혼 적령기에 너 나 할 것 없이 연애로 바쁜 시절, 나의 오랜 친구는 본인의 일을 좀 더 전문적으로 해보겠다고 극구 소개팅을 거절했다. 지금의 일이 너무 좋으니 남자 친구는 아직이라면서. 결혼 전에 난 외로움을 느낄 틈이 없었다. 나의 얘기를 경청해 주고 작은 손짓 하나에도 관심을 써주었던 남자 친구가 있었다. 늘 주변에 또래의 친구들이 많았고 술 한잔, 차 한잔하며 일상을 나누는 시간에서는 어떤 결핍도 느끼지 못했다. 결혼하고 아이들을 키우면서 주변 사람들이 있어도 내 마음속 이야기를 하기에는 쉽지 않았다. 남편은 늘 회사 일로 바빴고 소소한 일상에서 오는 외로움의 토로를 들어줄 마음의 여유가 없었다. 그럴수록 내 주변은 점점 활력이 사라졌고, 일상에서의 시간이 지루했다. 그렇게 시시하다고 느낀 하루하루가 무기력하게 쌓여갔다. 쳇바퀴 도는 일상을 함께 나누고 혼자서도 기쁨을 느끼게 할 요소가 필요했다. 저녁 식사 후에는 아이들 학교 과제 등을 점검하며 시간을 보냈다. 가득 쌓인 설거지와 청소 틈에서 나만의 시간이 없어질수록 가족들에게 예민해지고 마음의 답답함이 커져갔다. 우울해진 기분을 전환해 줄 수 있는 장소와 음악이 절실했다. 그러나 우리 집에는 정작 편하게 작업할 수 있는 나만의 공간이 없었다.

"너희들 방들 치워. 바닥을 확인하고 책상 정리 좀 해. 엄마도 방이 있었으면 좋겠다."

"엄마 방은 부엌이잖아요."

내 방이 부엌이라는 말에 울컥했다. 그 말을 듣고 침울해진 나의 기분을 전환할 것이 필요했다. 베란다 창문 틈 사이로 크게 숨을 들이마셨다. '내가 좋아하는 게 뭐였더라……'

가만히 생각해 보니 며칠 전 마트에서 사 온 페퍼민트 허브차가 생각났다. 디자인이 예쁜 컵에 페퍼민트의 상쾌한 향이 은은하게 퍼지니 심란했던 기분이 한결 누그러졌다. 나를 위하는 소소한 행동 중에는 큰 비용이 들지 않는 것들도 많이 있다. 오늘 애쓴 나에게 마스크팩 해주기, 따뜻한 족욕 하기, 거창하지 않아도 나를 위한 이런 시간이 하나씩 채워질수록 아이들을 향해 감정적으로 대하지 않게 된다. 내가 먼저 편안해져야 타인에게도 안정된 미소를 보낼 수 있다. 이렇게 나를 위하는 시간을 보내다 보면 외로운 감정에서 서서히 빠져나와 온전한 나만의 하루를 살 수 있다.

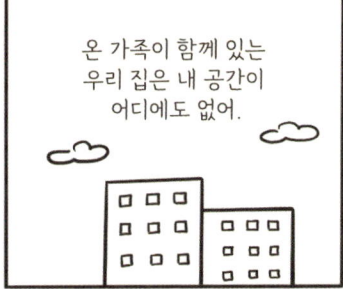

그렇게 나만의 하루를
보내기 시작했어.

07

안전한 관계

얼마 전 프리랜서를 선언한 선배와 만났다. 그녀와 내가 만난 건 대학을 졸업하고 애니메이션 회사에 입사해서였다. 그녀는 디자인팀 나의 사수였다. 냉정하고 차가워 보이는 그녀를 처음 만난 날 서늘한 말투에 마음은 얼어붙었다. 늘 철저하게 자기 일을 완벽하게 해냈던 그녀는 까칠하고 예민해서 말 붙이기 어려웠다. 늘 일이 우선이었던 그녀는 많은 사람들과 어울리지 않았고, 주변 눈치를 많이 살피던 나는 사회생활을 열심히 하며 서로에게 거리를 두고 지냈다. 그러던 어느 날 디자인팀에서 프로젝트를 함께 준비하게 됐다. 늘 야근이 많아서 오랜 시간 붙어있었던 우리는 서서히 알아가기 시작했다. 차가웠던 그녀의 모습이 처음 보는 사람을 향한 낯가림이었다는 것을 점차 가까워지면서 알게 됐다. 햇수로 20년째 인연을 이어가는 우리는 만날 때면 속 깊은 이야기를 나누면서 서로의 일상을 편안하게 공유했다. 그 선배는 나의 있는 그대로를 받아주는 한결같은 사람이었다.

"난 친한 친구에게는 불편한 점이 있거나 서운할 때는 얘기를 해. 이런 건 난 좀 불편했다고.

상대방의 예측에 따라 내가 행동하게 되거든. 고칠 수 있을 것 같으면 얘기하거나 나와 오래갈 사이면 문제를 바로 잡지만, 그렇지 않다고 판단되면 굳이 그런 불편함을 드러내지 않아. 그냥 서서히 멀어지는 거지." 찻잔을 매만지며 그녀가 말을 이어갔다.

"난 어렸을 때부터 그런 촉이 있었어. 사람을 대하다 보면 만나야지, 안 만나야지가 본능적인 느낌으로 알게 되더라. 그런데 내 생각이 거의 맞더라고."

불편함을 느끼는 상대에게 구구절절 괴로움을 쏟아내다 보면, 나의 모습을 단정 지을 수 있다는 생각에 인간관계가 어려웠다. 나이가 들어가면서 지속해서 만날 인연이 아니라면 상대가 불편해도 그걸 굳이 끄집어내지 않는 게 낫다는 것을 알게 됐다. 당시의 거북한 마음을 되짚으면 되레 나의 이미지만 나쁘게 보일 수 있기 때문이다. 인간관계에서는 저마다의 선이 있다. 선의 길이는 각자마다 다르다. 100m 선을 가진 사람이 있다면, 30m 선을 가진 사람도 존재한다. 다양하게 많은 선의 기준을 가진 이들 사이에서 저마다의 경계를 넘지 않는 것이 중요하다. 나에 대한 솔직한 충고도 선배가 건넨 다정한 표현이라는 것을 이제는 안다. 스쳐 지나가는 인연과의 일정한 선을 지키기 위해 예민한 마음을 늘 곤두세우며 지내다가 그녀와 만날 때면 마음속에서 안정감과 평화가 차오른다. 나의 소소한 자랑거리나 부끄러운 이야기를 어떤 계산 없이 떠들 수 있는 그녀가 좋다. 어설픈 나를 있는 그대로 받아들여 주는 그런 안전한 관계를 사랑한다.

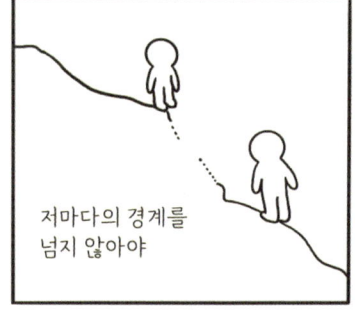 

08

김빠진 사이다 같은
너에게

"선배, 오늘 종각에서 보기로 한 날이지. 어디서 볼까?"

"아…. 어쩌지 내가 오늘 급하게 볼일이 생겼어. 아무래도 안 되겠는데?"

"………"

"준비 다 하고 나 나갈 참이었는데?"

"아…. 다행이다. 너 출발하기 전이라서. 요즘 너무 정신이 없네."

"………"

자신의 입장만 토로하는 그에게 질려서 입을 다물었다.

대학을 졸업하고 첫 직장에서 우리는 만났다. 열흘 전에 잡았던 약속인데, 오랜만에 만나는 자리라 잔뜩 멋을 내고 나가려고 준비하고 있었다. 회사에 다닐 때는 잦은 야근으로 함께 있는 시간이 많았다. 그때는 일상을 함께 하며 가까이 지냈지만, 퇴사한 후부터는 매일 안부를 전하던 친분은 점차 뜸해졌다.

입사 당시 난 어리숙했다. 사람들 관계에서 거절도 어려웠고, 선배들과의 불편한 일이 있어도 넘어가는 일이 잦았다. 그때의 어리고 자존감이 낮았던 나는 타인에게 받은 복잡하고 불편한 감정을 미숙하게 넘겼다. 나에게 불편함을 주는 타인의 말을 무심하게 넘겼다면, 다음번에도 나를 대수롭지 않게 여기기가 쉽다. 날 대수롭지 않게 생각하는 김빠진 사이다 같은 상대를 더는 만나고 싶지 않았다. 내 마음을 돌보고 타인에게서 불편한 면을 인식하면서부터는 나를 위하는 행동을 조금씩 해나가기 시작했다. 나를 귀하게 여기고 나의 마음에 귀를 기울여주는 일이 먼저라는 걸 뒤늦게 알게 됐다. 나의 이불을 깨끗이 하거나 정갈하게 요리하면서 조금씩 나의 마음을 돌보기 시작했다. 대수롭지 않게 생각한 행동은 상대에게 엄청난 불쾌감을 줄 수 있다. 나의 시간이 소중한 만큼 상대의 시간도 소중하다는 걸 그때 이후로 다시 한번 확인한 나는 약속은 무슨 일이 있어도 꼭 지킨다. 이 일이 있고 난 뒤로는 약속 전날에는 다음날 일정을 한 번 더 확인하며, 만나는 장소도 어디인지 구체적인 곳으로 정한다. 급한 일이 생기면 상황을 알리고 사과를 하며 상대에게 양해를 구하는 것도 잊지 않았다.

"나 지금 한 시간 반 시간 있는데 잠깐 볼래?"
"아니. 난 안 되는데… 그리고 이런 연락은 나는 좀 불편해."
"………"

너의 짬 시간에 나를 땜빵하듯 불렀다는 것을 이미 짐작하고 있었다. 타인이 대하는 옳지 않은 태도에 더는 둔감하게 반응하고 싶지 않았다. 반복적으로 약속을 어기거나 불편함을 주는 관계는 금이 가게 마련이다. 그렇게 해서 인연이 다하더라도 나를 대수롭지 않게 대하는 상대를 더는 곁에 두고 싶지 않았다.

"넌 너무 예민할 때가 있더라. 그래도 그런 생각을 했다니 사려 깊은걸."

'내가 사려 깊은 게 아니라 그러지 않는 네가 무례한 거야. 김빠진 사이다 같은 너와는 이제 그만!

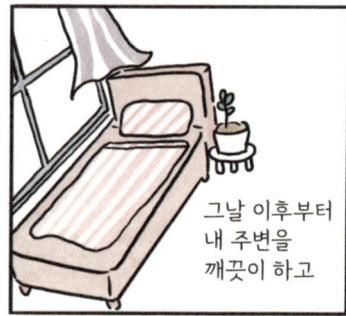

나를 대수롭지 않게 대하는

김빠진 사이다 같은 너와는 이제 그만!

PART 5

터지기 쉬운
김밥일지라도

01

인생은 때때로
소보루없는 소보루빵 같아서

나는 소보루가 가득 들어간 소보루빵을 좋아한다. 어렸을 적 빵집에서 엄마가 사 온 소보루빵이 그렇게 맛있었다. 고사리 같은 손으로 소보루를 조금씩 벗겨내면서 맛보는 시간은 늘 설레었다. 놀이터에서 가득한 소보루를 조심스럽게 떼어내 소보루빵을 조심스럽게 뜯어먹고 있었는데, 동네 친구가 놀래키는 바람에 작은 손위에 있던 반이 남은 소보루빵이 바닥에 떨어져 버렸다. 순간의 정적이 흘렀고 나는 속상해서 주저앉았다. 그날 오후부터 내 손에서 없어진 소보루빵 생각이 머리에 떠나지 않았다. 시무룩한 마음이 떠나질 않으니 내가 갖지 못한 게 눈에 들어오기 시작했다. 내 방 하나 없는 우리 집, 나를 신경 써주지 않는 가족, 맛있는 반찬 하나 없는 밥상이 자꾸만 내 눈에 더 깊이 보였고 그럴수록 더욱 의기소침해졌다.

경기 불황인 요즘은 자꾸만 없는 것에 집중하게 된다. 마음의 여유가 없고, 돈이 없고, 시간이 없다고 생각하니 어느새 내 머릿속은 없는 것으로 가득 찼다. 힘든 마음이 의지할 곳이 없어지면 불평만 가득했다. 여러 가지 해야 할 일이 가득한 나는 많이 지쳐있었다. 내가 원하는 위로를 받지 못하니 가까운 가족들에게 원망이 차곡차곡 싸여갔다. 한창 손이 많이 가는 아이들을 헤아리지 못했다. 신경 쓸 게 많은 아이들을 보면서 "왜 너는 이것밖에 못 하니?"라는 모진 말들이 쏟아져 나왔다.

집안일이 서툰 나를 향해 던지는 남편의 무심한 한마디에 겹겹이 화는 쌓여갔다.

종일 원고 작업을 하고 집으로 돌아오면, 녹초가 된 나는 숙제를 깜빡한 큰아이가 미웠고 아직은 다정한 손길을 바라는 딸아이의 눈빛이 그토록 버거웠다.

오후 미팅을 마치고 터덜터덜 돌아오는 길, 장 볼 기운도 없어서 바로 집으로 왔다. 냉장고 문을 열어보는데 식재료도 거의 남아 있지 않았다. 답답한 마음에 시원한 보리차로 목을 축였다. 창밖으로 보이는 초록색 풍경을 보면서 숨을 크게 내쉬었다. 지친 마음을 토닥이며 부족한 재료지만 된장국과 카레를 만들었다. 두부와 호박만 넣어도 보글보글 끓어오르는 된장국에 그럴듯한 맛이 났다.

감자 대신 친구가 건네준 고구마를 꺼내 넣고 만든 카레는 단맛이 영글었다.

학원에서 돌아온 아이들에게 저녁상을 차렸다. "너무 맛있다." "엄마 된장찌개 더 주세요." 하는 우렁찬 목소리에 조금씩 입꼬리가 올라갔다. 이상하게도 고마움이 스며드는 가슴에는 고요함이 흘러갔다.

아이들이 모두 잠든 시간 창문을 여니 밤하늘이 퍼지는 포근한 공기가 차올랐다. 책장에 꽂힌 읽고 싶었던 책이 그제야 눈에 들어왔다. 없는 것만 보이던 하루였는데, 내 곁에 은근한 '있는 것'을 발견했다.

없는 것에 집중하다가 어느 날 문득 없는 것을 아껴 쓰고, 없는 것으로 버티며, 없는 것 덕분에 조용히 웃게 되는 날이 있다. 있는 재료로 집밥을 해 먹고, 장을 덜 보고, 안 사는 대신 안 버리는 삶도 꽤 괜찮은 인생이 아닐까.

오늘도 이렇게 버티며, 보통의 하루를 살아간다.

없는 것만 보이던 하루에
은근한 '있는 것'을 발견했다.

오늘도 이렇게 괜찮은 하루를 살아봅니다.

02

푹 꺼지는
치즈케이크 같아서

친구가 치즈케이크를 사 들고 우리 집으로 놀러 왔다. 땀을 뻘뻘 흘리며 사온 치즈케이크 상자가 조금 뜯겨있었다.

"여기 치즈케이크 맛있어서 사 왔어. 살 땐 이뻤는데 오면서 지나가던 사람들과 부딪치니 치즈케이크가 모양이 좀 푹 꺼져버렸네. 원래 치즈케이크는 폭신해야 제맛인데!"

예쁜 그릇에 담아도 푹 꺼져있는 치즈케이크를 보며 우리는 실망스러운 표정을 감추지 못했다.

어쩌면 이것은 내가 품었던 기대와 다른 모습이어서 느끼는 감정이 아니었을까.

이른 아침부터 국이며 갖은 반찬을 정성 들여 차린 날에 가족들이 "오늘은 라면 먹고 싶어."라는 말을 들으면 푹 꺼지는 치즈케이크처럼 내 마음도 내려앉았다. 내가 열심히 기울인 노력을 남들이 몰라줄 때 서운함이 더해져 기대가 푹 꺼졌다.

그림을 그릴 때도 비슷한 생각이 들 때가 있다. 내가 좋아하는 그림이어도 대중들에게 어느 정도 공감을 받을 때는 작업한 힘든 시간이 보상받는 것 같았는데. 그러지 못한 날은 푹 꺼진 치즈케이크처럼 내 생각도 가라앉았다.

03

납작한 하루여도 괜찮아

"여보 오늘 아르바이트 면접 다녀왔는데 시간이 안 맞겠더라."

"아, 그러면 하지 마. 별로네. 시간도 안 맞으면 더 힘들잖아."

늦은 밤 친구들과 집에 모여 티브이에 나오는 부부의 대화를 보고 있었다.

"우와. 너무 좋다. 저런 남편이 있다니 말이야. 난 그렇게 하지 마"라는 얘기를 들어본 적이 없어. 어디를 가나. 넌 일해야지. 참아야지 하던데 말이지."

"요즘 드라마 보면 언제나 힘들면 빠꾸하라고 하는데, 내 인생은 왜 빠꾸가 없냐. 회사에서도 나오고 싶어도 납작. 집에 와서는 가족들 눈치에 납작. 하루하루가 납작이야."

"나도 애들한테도 엄청 화를 많이 낸 날이면 시간이 조금 지나서 눈치를 엄청 보잖아. 화낸 거 본전도 못 찾고 이럴 때 정말 속상해. 밤하늘에 떠 있는 달이 오늘따라 더 납작해 보이네."

너 나 할 것 없이 우리는 티브이를 보며 크게 한숨을 내쉬었다.

회사에서도 내 의견을 좀 더 선명하게 얘기하면 선배가 빈정대며 물어보더라.

"네가 제일 좋아하는 집은?"이라고 말이야. 그 말을 듣고 "아… 글쎄요. 뭘까요?"라고 내가 반문했거든. 그랬더니

"그건 바로 고~~~집!"

"진짜 화나. 그 말을 듣고 정말 비참하더라. 당장 뛰쳐나가고 싶은데…. 막상 갈 데도 없다고 생각하니 그만큼 서러

운 게 없는 거야. 정말."

"아니다 싶어도 납작. 그냥 납작해야 하는 삶이라니!"

우리의 납작한 마음은 공감의 대화로 채워졌다. 납작했던 공기가 온기로 조금씩 부풀어졌다.

04

흔들리고 연약해도
푸딩 같은 달콤한 시간

큰아이 어린이집에서 만났던 엄마들이 모였다. 얼마 후에 이사하는 친구의 환송회를 잡았다. 시원한 맥주 한잔과 달콤한 과일 안주를 곁들였다. 과일 안주 한가운데 우산을 쓴 후르츠칵테일이 먹음직스럽게 빛났다.

"꼬망 언니 책 냈다며?"
"그러니까. 언제 한 거야. 아직 둘째도 어린데 대단하다. 그런데 우리 이렇게 오래 만나면서 서로 어떤 걸 하는지는 몰랐던 거 같아. 누군가의 엄마로 맺어진 관계다 보니 서로가 어떤 사람인지에 대해 알 기회도 없고 질문할 생각도 하지 못했어."

우리는 후르츠 칵테일 안에 작은 푸딩을 하나씩 입 안에 넣었다.

아이 친구로 맺어진 엄마들과는 아이들의 일상을 자주 나누기는 해도 지극히 사적인 이야기를 하게 되지는 않았다.

나는 사람 만나는 것을 좋아하는 외향적인 성격이지만 쉽게 마음을 주지 않는다. 서서히 마음을 알아갈 수 있는 성급하지 않은 관계가 좋다. 첫 만남부터 빨리 친해지기 위해 노력하는 것은 나와 맞지 않았다.

"자꾸만 마음이 힘들어지는 게 갱년기가 오는 건가 봐. 하루하루가 이렇게 흔들리는 건 여기 이 푸딩 같네. 하하."
"나는 어려운 학창 시절을 보냈거든. 집에 있기가 싫었어."
"퇴근하고 오면 너무 지치더라. 내가 뭐 하는 거 싶고…."

오랜 시간을 보낸 우리는 서서히 본인의 이야기를 하기

시작했다. 아이들 성장에 관한 이야기를 나누었던 때도 있었지만 갈수록 자신의 속내를 꺼냈다.

엄마들 관계는 아이들을 위한 그룹으로 형성된 모임이 시작이었지만 진솔하게 이야기를 나눌 수 있는 지금이 행복하다. 흔들리고 연약한 일상에 함께인 시간은 푸딩처럼 달콤함이 번진다.

반짝이는 첫 시작이 아닌 서서히 익어가는 우리가 좋다.

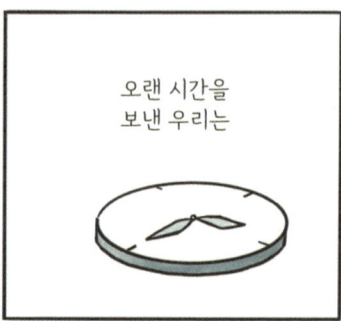

05

눌린 샌드위치 같은
인생이어도

"좋아하는 것을 찾게 해주고 싶어서 여러 경험을 시켜주는데 이게 맞는지 모르겠어요."

"하루짜리 강좌로 그걸 알게 해주는 건 어려운 것 같아요."

아이들의 다양한 경험을 해주는 것에 대한 주제로 이야기를 나누고 있었다.

마트 시식 코너에서 작은 조각 한 점을 먹으면서 충분한 맛을 느끼기가 어려운 것처럼, 몇 번의 감질나는 체험으로 본인이 좋아하는 것을 한 번에 찾는다는 것은 쉽지 않은 일이다.

아이들이 어릴 때는 자녀에게 좋아하는 일을 찾아주는 것이 어렵지 않을 거라고 막연하게 생각했다. 요즘은 어디를 가나 '좋아하는 일로 성공한 삶'이 중요하다는 이야기를 하지만, 현실은 꿈꾸던 이상과는 거리가 멀다.

좋아하는 게 어떤 것인지 잘하는 것은 무엇인지를 분명하게 찾고 시작하기는 어렵다.

반짝이는 재능을 탑재하고 있지만, 그것을 완성하거나 지속해서 실행하는 것은 또 다른 영역일 것이다.

대학 때 '난 그림을 좋아해!' 생각했지만, 치열하게 더 열심히 하는 것에서는 망설였다.

애니메이터가 되고 싶었지만 계속해서 이어지는 동작을 만드는 원화 작업은 지루했다. 좋아하는 것을 잘하게 되려면 하기 싫은 것을 기꺼이 하려는 자세가 필요하다.

나는 열정이 있다고 생각했지만 끝까지 성실하게 밀고 나가는 힘이 늘 부족했다.

결혼하고 아이들을 키우면서 그림은 10년의 공백이 있었다. 머릿속으로는 열심히 계산기를 두드렸지만 그럴수록 시작하기가 더 망설여졌다. 나에게 득이 되지 않으면 어떡하지란 머릿속 복잡한 계산이 점점 커져 갔다. 눌린 샌드위치 같은 생각들로 가득 찼던 나는 그 어떤 것도 할 수 없었다. 계산만 하다 3년을 보낸 나는 어느 날 책장에 꽂혀있던 스케치북을 발견하고 다시금 가슴이 뛰기 시작했다. 얼마 만에 느끼는 설레는 감정이었던가. 스케치북을 꺼내서 작은 캐릭터를 그리고 한 문장의 글을 써나갔다. 그날 이후, 간절함을 담아서 처음부터 다시 시작했다.

그림과 글을 쓰는 것을 좋아하더라도 따분한 시간을 지나야 한다. 좋아하는 일이 늘 설레는 기쁨만을 줄 수 없다고 깨달은 지금은 하고자 하는 작업이 있다면 어떻게든 지속해 나가려고 애쓴다.

열정은 누구나 가질 수 있다. 처음에는 좋아하는 일에 대한 호감이 생겨 누구나 시작할 수는 있지만, 매일 똑같은 지겨운 일들을 하는 것은 어렵다. 목표를 이루는 과정에서는 무수히 반복되는 굴레이기 때문이다.

늘 반짝이는 재능을 가진 사람을 선망했고 보이는 결과에 쉽게 열광했다. 어쩌면 그것은 큰 노력 없이 원하는 것을 얻고 싶어 하는 성급한 바람 때문이 아니었을까?

그림과 글쓰기가 흥미로워서 좋은 감정으로 시작했지만, 그것을 오랜 시간 동안 지속할 수 있는 성실함을 갖고 있어야 자신만의 길을 만들어 낼 수 있다는 것을 깨닫는다.

'좋아하는 일을 할 거야.'라고 해도 막상 그 전선에 뛰어들었을 때 그 마음이 계속 유지되기 힘든 것처럼 이상과 현실의 타협점에서 오는 상대적 박탈감으로 인해 그만두기가 쉽다.

좋아하는 일을 잘하게 되는 과정은 어렵다. 잘하는 일을 하면서 오래 버티는 기량까지 갖춘다는 것은 흔치 않은 일이기 때문이다. 성실한 꾸준함으로 묵묵히 걸어가는 내가 되고 싶다.

06

크루아상처럼,
겹겹이 쌓인 나를 이해하는 중입니다

요즘 감정 코칭 수업을 듣고 있다.

"아이의 문제를 본인의 문제로 보지 말고, 잘못된 행동만 알려줘야 해요."

수업 시간에 들은 말이다. 머리로는 이해하지만 오늘도 나는 화를 토해냈다.

핸드폰 액정이 깨진 채 들고 온 아이를 보는 순간, 단어장을 놓고 왔다는 학원 선생님의 전화에 분노가 치밀었다.

사춘기에 들어선 큰아이는 말대꾸가 잦아졌고, 무언가에 치열하게 몰입하지 않는 느긋한 태도는 나를 더 화나게 했다.

'나는 어릴 때 그렇게 혼나면서도 잘하려고 애썼는데…'

어릴 적 내 모습과 현재의 아이를 비교하고, 혼자 열을 냈다. 돌이켜보면,

'이만하면 괜찮지.' 싶은 나의 삶 뒤엔

'더 열심히 살아야지.'라는 쫓기는 마음이 늘 있었다.

아이의 사춘기를 함께 겪으면서, 나는 내 안의 사춘기와도 싸우고 있었다.

"최선을 다해야 한다."는 말로 나를 몰아세웠고 "인정받고 싶다."는 마음을 외면했다.

남들에게는 괜찮은 사람이고 싶어 하면서도 정작 나에게는 늘 엄격했다.

크루아상처럼 겹겹이 쌓인 감정. 그 결을 하나씩 들춰보며 나는 생각보다 자신을 좋아하지 않는 것을 알게 됐다.

화가 날 땐 그 속에 서운함이 숨어 있고, 미움의 감정 뒤에는 이해받지 못한 내가 웅크리고 있다.

내 마음이 평안으로 가득 차면 아이에게도, 남편에게도 더 넉넉한 인심을 품을 수 있지 않을까? 그러니 지금은, 나에게 더 다정해지기로 했다.

평안으로 가득찬 내가 되도록
나에게 더 다정해지기로 했다.

07

터지기 쉬운
김밥일지라도

"너는 쉽게 살 수도 있는데 왜 이렇게 힘든 길을 골라서 가니?" 오랫동안 알고 지낸 학교 친구는 매일이 분주하게 보낸 나를 안타깝게 여겼다.

20대의 나는 새벽부터 일본어 공부를 함께 하면서 밤까지 졸업전시회 준비에 여념이 없었다. 그때는 친구의 말에 아무 말도 못 했지만, 20년이 지난 이후로도 종종 그 말이 떠올랐다.

'왜 나는 그렇게 열심히 살았을까? 왜 나는 쉽게 살지 못했을까.'

사실 그 시절의 나도 알고 있었다.

항상 스스로를 몰아붙이며 무언가를 쫓아가느라 바빴다. 일러스트레이터로 자리 잡는 것보다 그림책을 제대로 공부해 보기로 선택한 시절, 버거운 감정에 들 때마다 그때의 친구의 말이 귓가에 맴돌았다. '넌 왜 이렇게 어려운 길을 가는 거야? 쉽게 살 수도 있는데 말이지.'

'난 뭔가를 해야만 가치 있는 사람이야. 그림을 그리는 것도, 언어를 배우는 것도 그렇게 인정받는 게 좋은 거지.' 남들에게 꽉 찬 김밥으로 보이고 싶은 마음 이면에는 '인정받고 싶어.'라는 생각이 가득히 자리 잡았다. 불필요한 생각으로 감정 소비가 많은 나는 푸짐한 김밥으로 보이고픈 생각이 더 앞섰다.

그 누구도 나에게 강요하지 않았던 것을 마음속으로 크게 외치고 있었다.

어쩌면 젊은 시절의 나도 쉬운 길이 보이지 않았던 게 아니라 적당히 즐기고 적당히 쉬는 법을 몰랐던 것은 아니었을까.

그저 애쓰는 게 어느덧 습관이 되어버린 나에게 쉬운 길은 낯설고 두려웠다.

힘든 길을 가는 것은 나를 괴롭히려는 선택이 아니라 어떻게든 살아보려는 몸부림이었다는 것을 지금은 안다.

그 시절, 나는 김밥처럼 나를 꼭꼭 눌러 담고 있었다. 타인의 시선을 의식한 채 언제 터질지 모를 만큼 팽팽한 김밥 속에는 내가 좋아하는 것들로 가득했다. 더 이상 남의 눈치를 보며 인정을 바라지 않는다. 타인에게 보이는 온전한 김밥보다는 터지기 쉬운 김밥일지라도 나다움을 지키는 내가 되고 싶다.

늘 남들에게 꽉 찬 김밥으로 완벽하게 보이고 싶었어.

수북

뭔가를 해내는 가치 있는 사람으로 인정받고 싶다는 생각이 가득 찼지.

열심히 해야지!

꾹꾹

쉽게 가는 길을 몰랐던 걸까?

애쓰는 게 습관이었던 나에게 쉬운 길은 낯설고 두려웠어.

헉헉

그 시절, 나는

터지기 쉬운 김밥처럼 팽팽했어. 남 눈치만 보다가 나를 꾹꾹 눌러담았지.

내가 좋아하는 걸로 가득 찬 터지기 쉬운 김밥이어도 괜찮아.

08

다시는 마주할 수 없는
그 평범한 하루에게

    중학교 시절, 셋이서 늘 함께 놀았다. 한 친구는 피아노를, 한 친구는 글쓰기를, 나는 그림 그리는 것을 좋아했다. 우리는 서로의 꿈을 응원하며, 유년 시절을 함께 쌓아갔다. 그 시간을 함께 보낸 우리는 성인이 되고 결혼하고 아이들을 키우면서 점차 연락이 뜸해졌다.

    그중 글을 쓰고 싶어 했던 친구는 늘 열정이 많았다. 그림책을 만들고 싶다며 나에게 이런저런 걸 물어왔고, 자주는 아니어도 이야기할 때마다 반짝이는 꿈이 느껴졌다.

    그녀가 결혼하고 아이를 낳은 후, 집으로 찾아간 적이 있다. 푸석해진 얼굴, 불어난 체중, 그리고 깊은 우울감이 느껴졌다. 그녀는 힘들어했고, 그때의 나는 결혼도 육아도 겪지 않은 터라 그 고단함을 온전히 이해할 수 없었다. 그렇게 각자의 상황이 달라지며 자연스레 멀어졌고, 시간은 어느새 몇 년을 훌쩍 지나 있었다.

내가 아이 둘로 바쁜 육아를 할 때쯤 그녀의 암 투병 소식을 들었다.

급히 다른 친구와 연락해 만나려 했지만, 약속은 자주 미뤄졌고 결국엔 이루어지지 못했다.

"잠깐 얼굴 한 번 보기도 어렵나?"

이해하면서도 섭섭한 마음은 어쩔 수 없었다. 하지만 기다릴 수밖에 없었다.

전화도 연결되지 않던 어느 날, 그녀는 호스피스 병동에 있었다.

당시에 나는 첫 출간을 앞두고, 아이를 키우며 그야말로 정신없이 하루하루를 버티고 있었다.

출간이 끝난 후 그녀의 소식을 수소문했을 땐 이미 부고를 들을 때였다.

 암이 순식간에 온몸에 전이가 되었고 가족들도 실의 빠져 장례를 조용히 치렀다.

 나는 그녀의 마지막을 함께 못했다는 충격 속에 깊은 자책에 빠졌다.

 왜 그렇게 원망했을까.

 왜 더 기다리지 못했을까.

 왜 한 번이라도 더 전화를 걸지 못했을까.

 그녀가 없는 지금에서야 그리움과 후회는 나를 벼랑 끝으로 내몰았다.

 오늘 밤은 조용히 사랑을 생각했다. 예전엔 특별한 무언가가 있어야 행복하다고 믿었다.

 화려한 이벤트나, 놀랄 만한 선물이 있어야 각별한 날이라고 느꼈다.

 하지만 이제는 아무 일도 없는 평범한 하루가 가장 큰 선물이라는 걸 안다.

 내겐 당연한 오늘이 그녀에겐 얼마나 간절한 시간이었을

지 생각하니 가슴이 먹먹해진다.

나는 왜, 당연했던 일상이 더는 당연하지 않다는 걸 이제야 깨달은 걸까.

겹겹이 쌓여가던 미움만큼 가슴속에 차오르던 원망의 감정들이 사무쳤다. 만약 오늘이 나의 마지막이라면 그토록 미워했던 날들을 후회하지 않을 수 있을까.

더 많이 사랑할걸.

더 따뜻하게 안아줄걸.

더 자주 고맙다고 말할걸.

사랑에 서툴렀던 그 마음을 이제라도 조금씩 다독이며 살아가야지.

겹겹이 쌓였던 미움과
조용히 차오르던 원망이

오늘이 마지막이라면
후회로 남을까 두렵다.

더 많이
사랑할걸.

더 따뜻하게
안아줄걸.

더 자주
고맙다고 말할걸.

사랑에
서툴렀던 그 마음을

이제라도 조금씩
다독이며 살아가야지.

09

마음이 귤처럼
쪼그라드는 날이면

친한 친구와 나누는 통화 주제가 늘 유쾌한 건 아니다.

최근 가게를 시작한 친구는 매출이 저조해 생활비조차 빠듯하다며 한숨을 쉬었다.

"이번 달 생활비도 펑크 나겠어. 아이들 학원비며 고정 지출도 많잖아. 난 나 자신에게 쓰는 돈도 없는데…. 요즘은 나에게 있는 공기가 점점 줄어드는 느낌이야."

공기가 줄어든다니, 정말 찰떡같은 표현이었다.

높아진 물가에, 장바구니에 별것을 담지 않아도 10만 원이 훌쩍 넘는다.

무언가를 살 때면 이전보다 훨씬 신중해진 나를 발견한다.

이렇게 팍팍한 살림을 꾸리다 보면 지갑을 열 때마다 말린 귤처럼 쪼글어진다는 말을 체감한다.

"엄마, 고기 언제 먹을 거예요? 요즘 정크푸드만 주시고…."

아이의 말 한마디에, 예민해진 마음은 뾰족이 곤두섰다.

"불고기 해준 건 왜 빼먹니? 너 먹고 싶다 해서 사발면 준 건데 이제 샐러드만 먹을래?"

아이가 무심코 던진 말로 고슴도치가 된 나는 아이를 나무랐다. 그렇게 돌아설 때면 미안한 마음에 깊은 한숨을 내쉬었다.

공기가 없어지는 느낌은 마치 하늘과 땅이 맞닿는 것처럼 서서히 어두워지는 현실이 아닐까. 햇볕에 바짝 말린 귤처럼 마음이 쪼그라질 때면 어떤 달콤한 말도 들리지 않았다.

친구의 울적한 목소리에 나는 아무 말도 하지 못했다. 그 어떤 말도, 지금은 위로가 되지 않는다는 걸 누구보다 잘 알기 때문이다.

'막연히 잘될 거야. 이 또한 지나갈 거야.'라는 뻔한 말로 답하고 싶지 않았다.

어둠 속에서 빛을 찾기 위해 더듬거릴 때 나직한 음성에 귀 기울여주는 다정한 친구가 되어주고 싶다. 어쩌면 우리는 각자의 어둠의 방에서 한 줄기 빛을 기다리는지도 모른다.

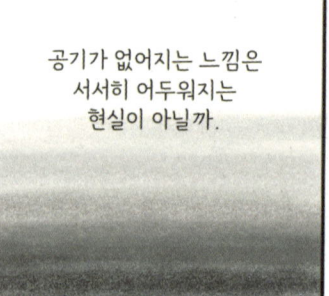

10

바람 빠진 풍선 같은
생각이 들 때면

"오빠. 계산기가 있는데 굳이 이렇게 직접 계산할 필요가 있을까? 힘들게…."

"그러게 동생아. 번역기가 문장을 뚝딱 바꾸는데, 영어 단어 굳이 외울 필요 있나 싶다."

방에서 학원 숙제를 하는 아이들의 이야기하는 목소리가 들렸다.

아이들에게는 기본에 충실해야 한다. 어른이 되기 전에 기본 힘이 있어야 한다는 교과서 같은 이야기를 하면서도 한

편으로는 요즘같이 빠르게 변하는 세상에서 무엇을 중요시하며 살아야 할까 하는 마음이 떠나질 않았다.

늦은 밤 원고 작업을 하면서 생각했다. 나는 왜 이 한 줄을 쓰려고 머리를 싸매고 있는 걸까.

하지만 그런데도 손으로 그린 그림, 고쳐 쓴 문장에 마음을 담는 일을 왜 멈추지 못하는 걸까.

어쩌면 그것은 아직 '진짜 내 것'을 하고 있다는 감각을 잃고 싶지 않은 걸지도 모른다.

기계가 다 해주는 세상인데 왜 하는지에 대한 생각이 꼬리를 물다 보면 한없이 작아져 있는 내 모습을 보며 의기소침해졌다. 빠르게 돌아가는 세상 속에서 내가 설 자리가 없다고 생각하면 조급한 마음이 가득 찼다. 아침 아이들을 등교하고 창문을 열었는데 풀 향기가 바람을 타고 흘러왔다.

잠깐 창틀에 기대 그 향을 마시며 문득 이런 생각이 들었다.

'내가 할 수 있는 만큼 나만의 속도로 가는 것도 괜찮지 않을까. 조금 더디더라도 말이야.'

조금 뒤처져 보여도, 내 손으로 한 줄 한 줄 써 내려가는 지금이, 나답게 만드는 시간이라는 것을 말이다.

빠르게 돌아가는 세상에서 조용히 멈춰서 있는 용기가 필요하다.

비교를 멈추고, 오늘을 그려가는 나를 있는 그대로 사랑하기.

어쩌면 지금의 나에게 가장 필요한 말인지도 모른다.

내가 할 수 있는 만큼
나만의 속도로 가는 것도
괜찮지 않을까?

조금 더디더라도 말이야.

비교를 멈추고 오늘을
그려가는 나를 사랑하기.

어쩌면 지금의 나에게 필요한 말.

에필로그

매미 소리가 가득한 오후 나는 숨이 쉬어지지 않았다. 머리가 멍해지는 우울감이 나를 덮쳤다.

가까운 병원에 갔어야 했다.

핸드폰 가득한 연락처를 보는데 전화번호에 선뜻 손이 가는 친구가 없었다.

그때 알았다. 나는 내 이야기를 편히 나눌 상대가 주변에 없다는 것을. 한순간에 머리가 하얘졌다. 겉으로는 호탕하게 웃어도 속으로는 쉽게 마음을 나눌 상대가 없다는 것에 소슬한 공기가 짙어졌다. 유독 남의 눈치를 많이 보며 자랐던 나는 무던하고 성격 좋다는 말을 듣는 게 좋았다. 그러나 타인의 눈치를 살피지만 정작 자신을 돌보지 못했다.

나는 사람들이 있을 때 감정이 상하는 미묘한 포인트에 민감하다. 반대로 상대의 기분을 좋게 하는 마음도 누구보다 잘 살핀다. 세심한 관계로서 맺어지는 친밀함이 중요하고 늘 주변을 살뜰히 꾸려왔다.

타인에게 의지하며 마음의 구멍이 채워지지 않는 이유가 유독 나에게 인색한 모습 때문이었다는 것을 알게 된 순간 뜨거운 눈물이 쏟아졌다.

'남에게 보이는 모습'만 신경 쓰고 상대에게 마음을 일방적으로 기울이고 있다면 내면의 작동장치가 조금씩 고장 나고 있는지도 모른다.

보이는 나는 많이 지쳐있었다. 상대를 향한 과도한 배려와 눈치가 버거웠음에 고개를 끄덕였다.

"너는 어떨 때 좋아? 오늘 기분은 어때? 아까 그 일은 마음이 안 좋았지.?"

이런 질문을 해본 경험이 없는 나는 자신을 돌보는 것에 누구보다 서툴렀다. 자신을 위해 본 경험이 없다는 건 어쩌면 본인을 사랑하는 방법을 몰라서가 아니었을까.

"넌 왜 이것밖에 못 해." "네가 그렇지 뭐." 어릴 적 내가 그렇게 듣기 싫어했던 말들을 어느 순간 자신에게 쏟아붓고 있다는 걸 알게 됐다. 생각했던 것보다 나는 나를 싫어하고 있었다.

나에게 온전히 채워지지 못하는 마음 때문에 늘 주변의 사랑과 관심을 갈구했다. 그렇게 해서라도 '괜찮아.'라는 말을 타인에게 듣게 되면 씁쓸한 안도감에 깊은 한숨을 내쉬었다.

내가 집중할 수 있는 그림과 글을 쓰게 되면서 바빴던 약속을 서서히 줄여갔다. 진정 나를 아끼고 사랑하는 마음이 있어야 타인을 향한 건강한 애정이 생길 수 있다는 것을 그 시간을 통해 깊이 깨달았다.

고요한 나만의 공간에서 혼자 있는 법을 배우지 못해 밖으로 겉돌았던 건은 아닐까.

타인의 시선과 인정 욕구로 자신을 힘들게 하고 스트레스를 많이 받아왔는데, 모든 답은 나를 믿어주는 마음이라는 것을 알게 됐다.

지금도 사소한 감정에 지쳐갈 때면 제일 먼저 예민해진 감정을 돌본다.

불완전한 나더라도 오늘 하루 애쓴 것을 토닥이며 나의 삶을 채워간다.